不会汇报工作
让你一直被埋没

王克俭◎编著

国家一级出版社　　中国纺织出版社　　全国百佳图书出版单位

内 容 提 要

在现代职场，只会埋头苦干远远不够，还要会汇报工作。我们不但要和同事搞好关系，更要与上司融洽相处。为了让上司了解和认可我们在工作中的辛劳付出，必须把工作汇报做到尽善尽美。

本书是一本有关"汇报工作"的实用手册，以心理学知识为基础，全面解析职场中的上下级关系。指导读者如何正确向上司汇报工作，才能起到事半功倍的效果，赢得自己事业上的通畅顺达。

图书在版编目（CIP）数据

不会汇报工作，让你一直被埋没／王克俭编著.--北京：中国纺织出版社，2018.1（2022.7重印）
ISBN 978-7-5180-4623-2

Ⅰ.①不… Ⅱ.①王… Ⅲ.①工作方法—通俗读物 Ⅳ.①B026-49

中国版本图书馆CIP数据核字（2018）第014074号

责任编辑：闫 星　　特约编辑：李 杨　　责任印制：储志伟

中国纺织出版社出版发行
地址：北京市朝阳区百子湾东里A407号楼　邮政编码：100124
销售电话：010—67004422　传真：010-87155801
http://www.c-textilep.com
E-mail：faxing@c-textilep.com
中国纺织出版社天猫旗舰店
官方微博http://weibo.com/2119887771
三河市延风印装有限公司印刷　各地新华书店经销
2018年1月第1版　2022年7月第6次印刷
开本：710×1000　1/16　印张：13
字数：196千字　定价：36.80元

凡购本书，如有缺页、倒页、脱页，由本社图书营销中心调换

用"心"汇报

　　职场中人，汇报工作总是免不了的。汇报，是下级向上级的一种积极沟通，沟通得好能够增进了解，深入了解了能促进理解，相互理解了就会有和谐。和谐，则意味个人与集体事业的发展进步。

　　汇报工作，自然有时、度、效的要求。时，是说时机、节点很重要；度，可理解为谈问题的角度、力度和尺度等等；时与度配合得合适，效就可能实现。这说明，汇报工作，真是一门了不起的"艺术"。

　　本书著者克俭君，上大学读的是生物学，专业背景给他的体悟是，沟通要大处着眼，小处切入，见微知著，透过现象看到本质，如是沟通易理解，易入心。后从事秘书职业，算是领导身边的人，方便他既读懂领导，又看清同事，可以试着从领导的角度看员工，又从员工角度看领导，在"大"与"小"之间搭起畅通的桥梁。此后，他经历了所服务企业内部几乎所有的部门，这让他对部门甚至每个岗位的难处都能感同身受。经由丰富的学习和成长经历，总结、提炼而来的这份心得，自然对职场中人极有裨益。

　　作为克俭君的同窗好友，我也怀着好学的心，加上一点好奇心，从书稿中去多领略他在职场中成功的秘诀，然而，让我收获最大的，却是从字里行间，更深地读懂他这个"人"来，从他为人的谦逊恭诚、处事的细密谨严，我生出一个感悟：汇报的技巧，原只是成功者之所以成功的外在表象而已，做人，才真真切切是最重要的，落到汇报工作这个点上，最佳的沟通方式，还是用"心"吧。

　　"同心而共济，始终如一，此君子之朋也"。上下级之间交往的高格境界，乃为君子之交。因利益相同而目标一致，因事业相同而语言相通，作为下级，履职尽责，坚守的是道义，呵护的是忠信，珍惜的是名节，以此来修

养品德，提高志趣，与上级相互补益，岂不快哉！

同心，同的什么心？窃以为有这么几个：一是公心。想问题、做事情，出发点是为社会增进福祉，为集体谋求发展进步，为人际带来和谐喜乐，而不是个人的一点点可怜的利禄财货。二是诚心。怀诚心者，自会远离先贤指斥的"小人之朋"，与上级谋事不具异心，与同事相处不勾心。三是虚心。平时工作中，虚心向同事学习，向实践学习，认真调查研究，尽可能地掌握第一手材料，为上级决策提供有价值的意见和参考，而不是"嘴尖皮厚腹中空"，自以为是，夸夸其谈，误导上级，贻害四方。四是信心。出于公心，怀着诚心，待以虚心，汇报工作自可坦荡磊落，成竹于胸，即使一时不能为上级所激赏，甚至不被理解也何妨？有这四心者，终可让上级知晓，你是可以同济与你同为"君子之朋"的。

明明是要讨论汇报工作的技巧，我却在这里有些跑题地说，"心"比"技巧"更重要，是因为不由自主想起，克俭君与我从高中到大学同窗有那么多让人难忘的美好往事。前些日子，他在跟我通电话时还提到，离开母校湖南师大这么多年，总也忘不了当时的校党委戴海书记的谆谆教诲：作为一名大学毕业生（那时的大学生还是被人们当回事的），工作时要忘记自己是大学生，向前辈、同事虚心学，用心做；工作过后，要记得自己是大学生（作为知识分子的责任与担当），要善于及时总结、提高和提升。克俭君的这部书稿，算是对母校的一份汇报吧。

作为他的同学、知己，我从中读到了他一以贯之的"用心"。在祝福他的事业更加辉煌的同时，我要向他学习，用心做事，用心做人。

刘昆

（光明日报高级记者、文摘报总编辑、中国文摘报研究会会长）

前言

　　生活中，一定有很多朋友都曾有过爬山的经历。那么，你一定感受过爬山过程中气喘吁吁的疲劳，面对艰难险阻一度无法继续攀登的痛苦，甚至还会产生就此下山，不再攀爬的冲动。的确，爬山的过程是艰难而又痛苦的，但也正是因为如此，我们才能在爬到山顶时，感受到"会当凌绝顶，一览众山小"的畅快惬意。世界上有最高的珠穆朗玛峰等待人们去征服，我们的人生也应该有一个事业的顶峰需要我们去奋斗。只有不断努力、持之以恒的人，才能爬到人生的顶峰，领略人生的无限风光。

　　在人生的各个阶段，我们都需要不断攀登。上学时，我们必须努力学习，才能考取好成绩。毕业后，我们又面临找工作的压力。找到工作正式进入职场，才发现职场上的人际关系更加复杂微妙，职场上更需要我们努力用心，才能脱颖而出。其实，职场上的成功既需要我们展示实力，也需要我们能够掌握与上司相处的技巧和方法，就能让工作事半功倍。尤其是在向上司汇报工作时，倘若能做到及时汇报，精简到位，正好说到上司的心坎里去，那么你不但能博得上司的赏识，也能让自己的职业生涯一帆风顺，节节高升。

　　很多职场人士都非常低调，觉得要靠自己的真才实学展示自己的能力，凭借本事获得自己的发展。殊不知，职场上只有能力是远远不够的。如果说能力是你进入职场、展现自我的第一步，那么你的其他本领才是帮助你走进上司的视野里，让上司发自内心地欣赏你和培养你的关键。这种本领的表现，就是你对于工作的综合处理能力。当然，很多人也许会问，我工作做得很好但上司不知道怎么办？这个问题提得非常好，这正是我们这本书里要阐述的问题。对于工作，要想尽快地脱颖而出，就一定要学会汇报工作，及时

与上司就工作问题展开交流和探讨。如此一来，不但加深了你在上司心中的印象，也在有晋升机会时使上司第一时间想到你。

当然，汇报工作是有很多注意事项的，例如，汇报工作不能过于频繁，倘若什么都汇报，那么上司就会觉得你很无能，任何事情都无法独自搞定；汇报工作时也不能越级，否则就会导致上司心生不悦，甚至与你心生嫌隙；汇报工作时千万不要把问题抛给上司解决，因为上司想要的是事情的解决方案和结果，尤其是对于结果导向型上司而言……既然汇报工作有这么多的注意事项，何不从现在开始就努力学习汇报工作的技巧和方法呢！相信，了解了本书的内容之后，你在职场上一定会如虎添翼，展翅翱翔！

编著者

2017年1月

目录

第06章　简洁明了的汇报，让领导轻松听懂你 …………… 081

第07章　面对面汇报，让好口才为你加分 ………………… 099

无论一家公司的考核制度多么完善和无懈可击，都需要下属主动地汇报工作。因为上司不可能一整天都盯着下属的工作进度，更没有时间催促下属前来汇报。在职场上，仅仅努力工作显然是不够的，只有能干，会干，把工作做到上司的心坎里去，才能事半功倍，让自己的职业生涯一帆风顺。主动向上司汇报工作，不仅代表着你对他的尊敬，也能帮助你走入上司的视野，扎根在上司的心里。这样，你才能成为上司的"心上人"。

吸引上司注意力，他才能够"看见"你

作为初入职场的90后，很多年轻人在大学毕业后，都选择留在大城市打拼，然而既无权势也无背景的他们，只能寄希望于依靠自己的努力，赢得属于自己的广阔天空。其实，早在上大学之前，父母就曾经对他们千叮咛万嘱咐，作为草根，一定要依靠自己的勤奋好好学习，争取将来鲤鱼跳龙门，改变人生。尤其是在从象牙塔中出来，真正地步入社会之后，父母更是对90后们再三强调，对待工作必须脚踏实地，少说多做，与同事搞好关系。这些话都很对，也是父母应该教导子女的。不过，少说多做并不完全符合现代职场的需求。早在我们的父母年轻的时候，他们大多数都是国家单位的正式员工，工作氛围比较平和，每个人各司其职，只要做好自己的分内之事即可，远远没有现代职场上激烈的竞争。因此，这条经验教训至今为止已经落伍。对于现代的职业人士而言，除了要努力地做好本职工作之外，还应该吸引上司的注意力，这样上司才能在诸多的人才之中看到你，进而了解你的工作表现，甚至提拔你。

记得当年大学毕业时，爸爸曾经为了庆祝小娜从此之后步入社会，专门请全家人去当地的高档酒楼吃饭。在席间，爸爸看着宝贝女儿高兴得合不拢嘴，情不自禁地多喝了几杯。他还教导小娜："娜娜，你马上就要参加工作了，在外面可不是爸爸妈妈捧在手心里都怕碰到的宝贝了。当然，你在家还是宝贝，不过你在单位可不要像在家里一样。要知道，领导总是喜欢勤奋的员工，你一定要多多努力，不要给我和你妈妈丢脸。想当年，我和你妈妈刚刚工作时参加青年突击队，简直无人能敌，大家全都给我们竖大拇指呢！"

听了爸爸的话，小娜连连点头，说："放心吧，我一定会给你和妈妈脸上增光的。"

小娜果然牢记着爸爸的话，进了公司之后，就像一头任劳任怨的小牛犊，时刻都吃苦在前，享乐在后。而且，每当和同事合作完成了某个项目，她也从不争功劳。每次小组汇报工作进展时，其他同事都抢着去汇报，只有小娜从不争抢，而是主动把机会让给其他同事。就这样，转眼之间，小娜在公司已经工作三年多了，她的职位始终没有什么变化，虽然同事们都很喜欢和小娜合作，但是小娜总觉得自己有些过于沉默了。有一年的年会上，小娜和几个同事抽中一等奖，上台领奖。老总在颁发奖品时，一一叫出同事们的名字，小娜不由得暗暗佩服老总，要知道，站在她前面的这几个同事都是入职刚刚一年多的新员工啊。然而，等到给小娜颁发奖品时，老总居然愣住了，说："这个，这个同事看着非常眼熟，但是，但是……我能问问你叫什么名字吗？"老总的表现，简直让小娜抓狂。老总能叫出每一个入职一年多的员工的名字，却叫不出她的名字。事后，小娜深深地反省了自己，这才意识到自己的工作能力和工作表现虽然都很棒，但是工作方式却有问题。在记性这么好的老总面前，她居然形如空气。痛定思痛，小娜暗暗地观察其他同事，发现他们每次有汇报工作的机会，都会非常积极地争取。唯独她，总是一味地谦虚忍让，结果最终埋没了自己。

事例中的小娜，虽然在工作上的表现一贯都非常好，但是无形中因为遵循爸爸的"少说多做"的教导，成为了幕后的人。眼看着比自己晚两年进入公司的新员工，都被老总记住名字，自己虽然在公司任劳任怨地工作三年多了，但是老总却对她没有什么深刻印象，这给小娜敲响了警钟，不由得反思自己的工作方式和行事规则。想必在积极改变之后，小娜一定会更加出色，也很快就会步入老总的视野，成为老总的"心上人"。

现代社会，"是金子总会发光""酒香不怕巷子深"的训诫，已经不足以适应新的需要。虽然我们依然要秉承低调做人、高调做事的原则处事，但是也应该灵活运用这些处世规则，尤其是要根据职场上的现实情况，选择最佳的方式表现自己，彰显自身的能力。这是个"注意力经济"的时代，唯

有吸引诸多人的注意，我们才能由默默苦干的"老黄牛"，变成尽人皆知的"职场新秀"。尤其是在人才辈出的现代社会，想等着伯乐来识得你这匹千里马显然太不现实了。要知道，当千里马遍地都是时，伯乐才不会煞费苦心地寻找千里马呢。唯有你这匹千里马主动脱颖而出，伯乐才能够看见你，继而给你空间发挥潜力，最终让你耀眼瞩目，夺人眼球。

"汇报工作"，是你走入上司视线的第一步

要想走入上司的视野，让上司发现你这个可造之材，就要想办法先让上司关注你。毫无疑问，如果你每天躲在写字楼的方格子里埋头苦干，除非你做出惊天动地之举，否则上司是很难发现你的才能的。既然如此，我们为何不主动一些，让上司认识我们呢？尤其是在人数众多的大公司里，上司往往很难注意到每一个下属。他们只管分配工作，等着规定时间要工作的成果，根本不会过于关注这些具体的工作是由谁完成的，怎么完成的。如此一来，注定了那些像"小黄牛"一样默默无闻埋头苦干的人，很难有出头之日。不过，既然我们在此提及这个问题，当然会帮助大家想办法展示自己，走入上司视野，不再继续默默无闻下去。

细心的职场人士会发现，在职场上相对活跃、短期内就能得到意外提拔的人，总是那些非常积极地向老板汇报工作的人。甚至，有些职场"老鸟"会说，假如你想给某个同事设置晋升的障碍，只要剥夺他汇报工作的机会就行了。由此可见，汇报工作对于走入上司视野、展开晋升之路是多么至关重要啊！

近来，作为上海最大的房地产经纪公司，墨阳房产正在进行大规模的扩张工作。原本，墨阳房产只有十个区域，每个区域各有一个总监负责。现在，在短短的半年时间里，墨阳房产就又增加了十个新的区域，并且提拔十名店经理为总监。而对于这些新的区域来说，前期无疑是处于打基础的阶段，因而不但店面少，而且业绩也很可怜。对此，作为老区域中热门区域总

监的罗总，非常志得意满。每逢工作会议，看到那些新晋升的总监们汇报工作时急得抓耳挠腮的样子，他总是暗自庆幸自己是成熟大区的总监，不但业绩让自己脸上有光，名头也好听。为此，他在新总监面前总是以大自居。

最近一年来，罗总因为业绩超群，每次汇报工作时都不着急，总是等到那些新区和部分老区汇报完了，才不紧不慢地开始陈述自己光辉的业绩数据。在场的总监中，有个老区总监和罗总完全不同，他就是孟总。孟总所在的区域也是热点区域，业绩也很突出，经常和罗总不相上下。但是，孟总对待工作依然非常积极，每次汇报工作时，他都抢在第一个。为此，罗总经常笑话孟总，说他："你呀，又不是赶着娶媳妇，着什么急。"如此过了两年多，公司开始向外地扩张，第一个目标城市就是北京。由此一来，就需要从现有的总监中提拔一个人，担任北京的总经理。听说有这么好的职业发展机会，几乎每个总监心里都长了草，再也不能淡定了。尤其是罗总，简直上蹿下跳，当天下午就赶到总部面见老总。不想，老总说："老罗，我觉得以你的状态，留在这个区域就很好。你看，你家是上海的，工作现在也非常稳定，每个月不管是否努力，业绩都稳稳当当进入公司前三，因而收入也特别稳定。去北京虽然官升一级，但是必须要投入极大的热情，付出更多的艰辛。我个人认为，孟总积极性更好，更适合去北京开拓新天地。"老总的一番话，让罗总就如霜打了的茄子，蔫头耷脑。这时，他才开始懊悔自己每次汇报工作都等到最后一个，这时，老总已经非常疲惫了，根本不知道他正在以敷衍的态度说什么。相反，孟总每次都抢着汇报工作，在接下来其他人汇报时，老总在批评和激励他人时，总不忘让大家以孟总为榜样，再接再厉，继续进步。

虽然汇报工作能帮助我们走入上司的视野，但是当多人一起汇报工作时，汇报的先后顺序等具体细节，也都是有技巧的。如果我们总是一味地等着别人汇报完了再汇报，可想而知，在长时间的会议过程中，老总一定已经非常疲惫，精神涣散，根本没注意听你在说什么。由此一来，汇报工作的效果就会大大降低。相反，如果抢在前面汇报，则老总的注意力比较集中，兴致也很高，如果你的工作业绩又很好的话，他一定会兴致高昂听你汇报，说

不定还会让大家都以你为标准，向你学习呢！由此一来，老总怎能不记住你呢？

无论公司的考核制度怎样，老总一定会优先记住那些经常汇报工作并与其展开工作讨论的人。如果你想成为一个在职场中叱咤风云的聪明人，那么一定要从现在开始，在汇报工作前做足准备，在汇报工作时不退缩，勇敢争先。

汇报工作就是工作，要认真对待

在很多职场人士心里，对于汇报工作都存在着一定的误解。尤其是当领导要求定期汇报工作时，他们更是心生抵触，觉得汇报工作非但没有半点效果，反而会浪费宝贵的时间，让大家都流于形式，敷衍了事。实际上，汇报工作并非是表面文章，而且本身就是工作的一项重要内容，是工作不可分割的重要步骤。在烦琐的工作过程中，汇报工作就像是一个短期的小结，让我们能够停下来往后看看，总结过往，再往前看看，展望未来。这样的"瞻前顾后"的工作程序，能够帮助我们更加捋顺工作的内容和步骤，使工作做起来更有效率。

从领导的角度来说，下属积极认真地汇报工作，能够让他们在百忙之中，用最短的时间了解下属的工作情况，有什么进展，或者有哪些地方不足，他们都能够给予及时指正和纠正。如此一来，领导自然起到了掌舵人的作用。倘若下属总是对待汇报工作采取敷衍了事的态度，日久天长，领导必然对其工作态度产生怀疑，甚至对于他的工作能力也有所怀疑。如此一来，既然敷衍也是汇报，认真也是汇报，为何不能尽心尽力地完成工作呢？很多有过军人职业生涯的人都知道，每天早晨列队时，一定会有下级军官向上级军官汇报集合的情况，例如今天应到多少人，实到多少人，几人病假，几人事假等。如此一套程序汇报下来，也许连一分钟都不用，却让上级军官对当天的出勤情况有了全面的了解和掌握。当然，在汇报结束时，负责汇报的下级军官还是大声而又响亮地说："汇报完毕！"由这句话，结束整个汇报过程，做到有始有终。当我们每天都怀着如军人汇报时的严肃态度汇报工作时，领导一定会因为你认真的工作态度和精确的汇报数据，对你刮目相看。只有把汇报工作当成工作的一部分，你才能摆正心态，认真对待汇报工作，努力做到最好。

小李大学毕业后，就进入这家企业工作。转眼之间，他已经勤勤恳恳地工作三年了。三年里，他的工作从未出现过纰漏，为此他的主管在得知售后需要一位主管时，马上推荐小李。就这样，小李顺利成为主管，让很多和他一起进公司的同事们都羡慕不已。

成为主管后，小李一直十分感谢公司的领导如此信任他，给予他这么好的工作平台。他每天都任劳任怨地工作，有的时候，看到下属忙不过来，他还会主动顶班。小李下定决心，一定要为领导分忧解难，绝不让领导因为售后部门心生烦恼。凭着一股子坚持的精神和对工作的极大热情，小李的确做到了这一点。不管售后部门遇到多大的难题，他都很少向领导寻求帮助。他总是想方设法，竭尽所能地独自解决问题。偶尔领导问他有没有什么难处，他也连连摇头，说自己工作开展得非常顺利。然而，有一次一个团购客户的大订单出现了问题，这个客户订购的那一个批次的产品都出现了严重的质量问题。为此，小李多部门协调，好不容易才把这个客户的产品都换了。然而，没出几日，问题接踵而至，很多新近生产的产品都遭到了客户的投诉。在得知情况如此严重之后，领导马上找到售后部门，质问小李："这个批次的产品出现了这么大的问题，难道你早先就没有发现吗？"小李羞愧地说："我的确接到了一个团购客户的投诉请求。不过，我已经协调，帮他换了产品，让他满意了。"这时，老总更加生气了，说："出了这么严重的情况，你为什么不赶紧向上汇报？难道你不知道，如此多的产品都不合格，一定是生产环节出了问题吗？如今，距离你第一次得到反馈已经过去了三天，你知道这三条工厂昼夜不停地生产，又生产出多少不合格的产品吗？这个损失，你能承担得起吗？"小李只能一言不发，任由领导批评。

小李虽然把售后工作做得很好，达到了客户的满意，但是他却忽略了

一件重要的事情，售后从某种意义上来说就是生产线的风向标。如果偶尔一件产品出现质量问题，可以解释为正常的损坏率，但是如果大批量的产品出现问题，毫无疑问这是在告诉我们，工厂的流水线出现了问题。作为售后人员，在发现大量产品出现质量问题时，一定要第一时间向上汇报，才能及时通知工厂检查生产线，从而杜绝继续生产出不合格的产品的现象发生。对于小李来说，也许他的初衷是好的，是为了让领导省心。但是他却忘记了一个职场的定律：领导从来不会因为下属积极汇报工作而厌烦，相反，他们很乐于从下属的积极汇报中，了解公司的综合情况。

在职场上，每个人都有自己的职责范围。当很多工作超出我们的职责范围，或者正常的工作突然出现巨大纰漏时，一定要及时向上级领导汇报，才能让自己免于责难，也能在上级领导的指示下及时解决问题。我们千万不要像小李一样好心办坏事，没有及时向领导汇报工作中的突发情况，最终只会害了自己。到时候，领导不会考虑你的初衷，只会觉得你的工作能力和工作态度有问题，那就得不偿失了。

该汇报时就汇报，否则不是好同志

汇报工作本身就是工作整个过程中至关重要、不可或缺的组成部分，其本质就是工作，作为职场人士一定要认真对待。否则，工作完成得再好，如果汇报工作不及时，或者没有按照规定汇报工作，也不会令领导满意，让领导对你的工作能力和工作态度都产生质疑。即便明白这个道理，依然有很多不知天高地厚的职场人士，坚定不移地认为汇报工作就是走过场，就是浪费时间，因而他们总是被动地汇报工作，甚至等着领导再三催促才想起来汇报工作。毫无疑问，怀有这种心态的人，即使工作能力很强，也很难得到领导的赏识和喜爱。因为他们并没有遵守工作中的规矩，也缺乏对领导的尊重。试想，如果你是领导，你会重用一个虽然能力很强，但是眼睛里根本没有领导的人吗？相比之下，领导更喜欢听话的员工，喜欢尊重他且积极工作的员工。在领导眼中，积极地汇报工作，也属于积极工作的一种。这一点，已经得到了无数次验证。

汇报工作不但有必要，还应该及时。这是因为，很多时候领导都在等着你汇报呢！作为领导，他们的主要职责就是把具体工作分配到每个部门，或者是每个具体的下属。然后，再及时地听下属汇报工作，以便了解工作进展，及时调整和修正。从这个意义上来说，很多职员担心经常汇报工作会让领导心烦，这完全是杞人忧天。领导不会因为你积极地汇报工作感到厌烦，反而会因为你积极地汇报工作，感受到你工作态度的认真，同时感受到你对他的尊重。如此一来，领导又怎么会不重用你呢？

小敏大学毕业后，一直没有找到合适的工作。这也许是因为她所读的大学只是普通民办的大学，而且专业也不太好。直到毕业三个月之后，她才进入一家窗帘公司工作，当前台接待员。有一天，一个客户打电话过来，说："您好，请问是窗帘公司吗？我这边是一家工厂，想要做遮阳的窗帘，我想和你们的经理谈一谈。"小敏接到电话，毫不犹豫地说："我们经理现在不在。这样吧，您把您窗户的尺寸量一量，然后带着尺寸来我们这里。"说完，小敏就挂断了电话。后来，客户带着量好的尺寸来到窗帘公司，见到了经理。经理看到这么重要的客户拿着自己量好的尺寸送上门来，因而问清楚前因后果，不由得大为生气。虽然客户对此并不介意，经理还是马上派出工人再次去现场量好窗户，又拿出不同材质的遮光窗帘，请客户挑选。等到这一切都做好之后，经理叫来小敏，严厉地斥责她："有客户电话找我，而且是大客户，你为什么不及时告诉我？"小敏委屈地说："您当时正好不在啊！"经理不由分说地怒斥道："不要再解释了，我对你的工作非常不满意。你作为前台接待，不管谁有什么事情找我，都应该及时向我汇报。你没有权利安排客户怎么做，你最主要的职责就是汇报，汇报，再汇报。如果有客户临时上门，你就负责端茶倒水，做好接待工作。现在，你明白了吗？"小敏低着头，连连点头。经理依然毫不客气地说："如果这样的情况再次发生，你的试用期就提前结束了。"

在这个事例中，小敏的错误在于没有及时向经理汇报，导致经理觉得自

己不被尊重，也担心因此而耽误了公司的订单。尤其是像小敏这种初入职场的新人，遇事多汇报，更是有备无患，不至于无形中犯了领导的大忌。

相比较亲人之间的关系、同学之间的关系，职场上的人际关系显然更加复杂。很多领导总觉得高高在上，这种情况下如果遇事就向领导汇报，领导会觉得自己被下属重视和尊重。相反，如果遇事自己超越权限解决，领导一定会觉得自己不被尊重，因而心生不悦。还有一种情况就是，职场上的每个人都分工清楚，每个人都有自己的职责权限。倘若超越权限处理问题，则非但出力不讨好，反而还会惹下麻烦。就像上述事例中的小敏，如果因为她的疏忽导致客户觉得服务不好，最终放弃在他们公司订做窗帘，那么她一定会失去这份得来不易的工作。总而言之，在职场上，要及时汇报工作，多多汇报工作，这样才能让领导感受到你的尊重，也才能让你得到领导的赏识。

职场菜鸟，每日一报少犯错

现代社会，职场上的竞争越来越激烈。很多职场新人，都是经历了漫长的过程，才最终找到合适的工作。因而，很多新人都尤其珍惜工作的机会，生怕自己有哪个地方做得不好，导致丢掉工作。也因此，他们反而不敢暴露自己的很多短处。例如，有些职场新人在工作中遇到不懂的事情，只会偷偷地解决，不敢公开请示上司。这是因为，他们担心上司觉得他们的工作能力不足，因而刻意掩饰自己。殊不知，这样的做法是很危险的。对于职场新人而言，在工作的最初阶段，经常遇到不懂的事情，是完全正常的。只要及时请示上司，请教同事，就能够快速成长。刻意的掩饰，反而导致他们无形中犯下错误，有时甚至会酿成大错，更容易因此而失去工作。

聪明的职场菜鸟，一定会每天都向上级汇报自己的工作。这样一来，一则可以让领导感受到来自下属的尊重和其对工作的重视，二则也能让领导及时了解下属的工作，及时调整和纠正工作中的不当之处。万一有些偏差，也能及时改正，不至于越错越深。对于新人的职业生涯来说，他们越是能够尽早学会主动汇报，就越容易引起领导的关注，从而获得晋升的机会。很多新进职员之所以能够快速地脱颖而出，就是因为他们勤于汇报，敢于汇报。要知道，对于一个勤学好问的下属，领导一定不会厌烦。相反，领导不喜欢的是不懂装懂的下属。从某种意义上来说，领导也像是我们的老师。你还记得自己上学时的事情吗？只有经常问老师问题，老师才会更加喜欢你，也乐于倾尽所学地教你。领导，也是如此。

作为保险公司的主任，大刘的工作任务包含招聘这一项。虽然招人的门槛很低，但是真正能够留下来做好的人，却少之又少。因此，每次看到某个新进职员非常勤奋努力，大刘都感到特别高兴。这次，大刘负责给新招聘来的这批员工培训专业知识。周一的早晨，大刘和往常一样开始给这批新员工上课。这时，他惊喜地发现坐在前排的那个女孩，带着笔记本和笔，正在认真地边听边记。其他职员呢，或者对她的表现嗤之以鼻，或者不屑一顾地听大刘讲着。

这个女孩叫艾米，是应届毕业的大学生。虽然保险的工作入门的门槛很低，但是她依然非常珍惜这次工作的机会。培训进行了三天，她每节课都认真地记笔记。在培训结束后，她每天晨会结束后，都按照上司所说的那样，进行陌生拜访，或者开发社区活动。每天下午回到公司，她更是积极主动地向上司汇报自己一天的所得，例如得到了多少个潜在客户的电话，推介了哪款保险产品。当然，上司也非常用心，每次看到艾米捧着小本本来到面前，上司都会情不自禁地倾心教授。每当觉得艾米的工作有些跑偏的时候，在艾米汇报时，上司都很尽心尽力地给她指出来。如此一个月过去，艾米进步神速，顺利签下了人生中第一份保单。后来，艾米依然保持着每天傍晚和上司汇报一次的频率汇报工作，有的时候，上司空闲时也会主动找她谈心，从生活到工作，无微不至地关心她、指引她。和艾米一起进入公司的人，看到艾米得到上司如此的偏爱，不由得妒忌不已。然而，这一切都是艾米勤于汇报工作换来的，其他人无从享受。一年过去了，勤奋聪慧的艾米，被提拔为部门主管，也开始成为他人的上级，简直是坐在火箭上晋升。艾米清楚，自己必须继续努力，因为今日所有的小小成就，都是她努力工作的回报。

在这个事例中，艾米的做法会使很多人嗤之以鼻。的确，大多数人都觉得每天汇报工作是流于形式的做法。然而，对于职场新人而言，每日汇报工作确确实实是有必要的。这样不但可以让新人每天都对工作进行总结和反思，也可以让上司及时了解新人的工作情况，及时指导，及时指正。由此一来，再加上新人自身的勤奋和刻苦，想不进步都很难呢！

在职场中，很难有一蹴而就的成功。很多情况下，我们只有通过每日点滴的积累，才能更好地反省自身的工作情况，看到自己微小的进步和细节处的不足。如果能够每天都认真地进行工作总结，一定能够养成良好的工作习惯，帮助自己的职业生涯插上翅膀，一飞冲天。

想成为上司"心腹"，先做好汇报工作

在职场上，每个人都渴望得到领导的赏识，成为领导的"心腹"。因为只有得到领导无限的信任和认可，我们的职业生涯才能更加平坦。很多情况下，在成为领导的心腹之后，领导甚至还会把自己的一些私事与我们分享，真的就像是自己人一样，彼此掏心掏肺，相互信任。尤其是在当今社会如此激烈的竞争之下，一旦成为领导的心腹，似乎已经成功了一半。然而，怎样才能成为领导的心腹呢？这个问题我们必须认真想一想，才可能找到答案。

有些人会说，要想成为领导的心腹，就一定要拍马溜须，这样才能博得领导的欢心，让领导发自内心地信任我们。也有些人会说，要想成为领导的心腹，必须与领导夫人搞好关系，和领导的整个家庭都更加亲近，这样才能知晓领导一切事情，有的放矢地和领导搞好关系。这些说法未尝没有道理，但是都犯了一个错误，即把成为领导心腹这件事情不由分说地与私事和私人感情联系到了一起。殊不知，在你搅和领导私事的同时，也许能拉近自己与领导之间的关系，却也会同时陷入错综复杂的私人关系中，最终落得剪不断、理还乱的下场。真正充满智慧的职场人士，不会随便介入任何一个同事关系或者上下级的私事之中。要想成为领导真正意义上的心腹，就要首先把

工作做好，以超强的工作能力博得领导的认可，从而成为领导工作上的"心腹"。和掺杂着私人感情的心腹相比，纯粹工作上的心腹，能让你们的关系变得更加简单纯粹，也更容易长远发展。做好工作，首先要学会做好汇报工作。作为高高在上的领导，一定有着"高处不胜寒"的烦恼。如果你能够主动汇报工作，并且积极地与领导展开交流，那么领导一定因为沾了你的烟火气息，而对你刮目相看，甚至特别提拔你。这就是恰到好处地汇报工作的可取之处，也是心腹的神奇力量。要知道，没有人一生下来就能得到他人的赏识，一切的欣赏和认可，都必须依靠自身的努力博得。在你学会汇报工作之后，你会发现你的努力将会事半功倍，你的职业生涯也随之一帆风顺。

徐宇大学毕业后，就进入浩宇嘉业公司工作。当时，浩宇嘉业还只是一个刚刚起步的小公司，也许是在面试时被老板的真诚打动，徐宇放弃了大公司的发展平台，投身在老板麾下和老板一起打拼。转眼之间，三年多过去了，浩宇嘉业逐渐成为行业新秀，徐宇也成为公司的元老级人物。

面对由曾经的十几名员工现今已经成为拥有一百多名员工的浩宇嘉业，徐宇感慨很多。不过，当很多新进员工都毕恭毕敬地称为他为徐总时，他更多的是感受到肩膀上沉甸甸的责任。徐宇不但是公司的副总，也是老板的左膀右臂，是老板的心腹。老板对徐宇非常放心，不管工作上有什么重要的事情，都放心地交给徐宇独当一面。大家都很羡慕徐宇深得老板信任，但只有徐宇知道，老板对他的信任，是他一次次努力工作、辛勤汇报换来的。在刚刚进入公司时，老板凡事都要亲力亲为，因为他根本不放心手下的这些毛头小伙子。后来，老板发现徐宇每天上班，早晨都会向自己请示一天的工作安排，晚上还会向自己汇报一天的工作所得和经验体会。时间长了，老板渐渐开始喜欢把事情交给徐宇办，因为他知道徐宇不论工作进展如何，都会及时向他汇报的。从小事到大事，从无关紧要的事到至关重要的事，徐宇勤于汇报，从未出过差错。每当老板因为某件事情担心时，他就会主动汇报，让老板觉得非常贴心。这样日久天长，老板理所当然把徐宇当成心腹。而且，徐宇非常善于把握尺度，即便现在已经成为公司的元老级人物，他也依然勤于向老板汇报工作，凡事都不让老板担心。

事例中的徐宇，之所以能够成为老板的心腹，就是因为他非常善于汇报工作。在和老板一起从新公司蹒跚学步时，他就每天早请示晚汇报，到现在公司已经发展得初具规模，他也成为了元老，他始终都保持着这样的工作状态，毫不懈怠。可想而知，老板一定会继续把徐宇当成左膀右臂，把公司放心地交给徐宇打理。在职场上，很多人都渴望成为上司或者老板的心腹，却没有耐心深耕于工作。这样的人很难如愿以偿。要知道，一分付出才能有一分收获，这是颠扑不破的真理。

直白一点来说，所谓心腹，就是上司的"自己人"。毫无疑问，每个上司都希望在团队里有一部分自己人。即使包括老板在内，也希望能有自己的贴心人。也因为心理距离的拉近，他们对于自己人往往有着超出普通员工的期待，也会在面对各种机会时，情不自禁地倾向于自己人。只要我们努力工作，用心对待上司交代的任务，及时进行工作汇报，就离成为上司心腹的日子不远啦！

汇报不是提问题，而是解决问题

随着职场知识的增加，很多人都意识到汇报工作是一项非常重要的工作，因而都非常积极地汇报工作。然而，他们却忽略了一个问题，即汇报工作是解决问题，而不是把问题像踢皮球一样踢给上司。很多人在汇报工作时，在说完那些容易处理的问题之后，针对那些棘手的问题，他们会向上司提出来，希望得到上司的提议或者是等着上司解决问题。殊不知，上司不是负责解决问题的，如果一个职员只会做那些简单易行的事情，那么他的存在也就失去了价值。常言道，三个诸葛亮，顶个臭皮匠。作为下属，一定要学会为上司排忧解难，而且要主动自发地想办法解决问题。换个角度来想，假如你是上司，把工作分派给下属之后，下属只做了最简单的部分，而把困难的部分拿到你的面前，问："上司，我无法给这些数据归类，应该怎么办呢？"脾气好的上司一定会给你个白眼，脾气不好的上司一定会毫不留情地反问你："如果我都能办好，还要你干什么呢？"这种类型的汇报工作，非但无法起到预期的效果，反而会让上司对你的意见更大。

聪明的职场人士，从来不会把问题留给上司解决。对于那些他们通过自身努力能解决的问题，他们会先解决之后，再在汇报工作时将其告诉上司，并且征求他是否有不同的意见或者要求。对于那些难以自己定夺解决的问题，他们也会提前想出解决问题的方案，有心人还会想出不止一个方案，以便在与上司沟通时，留待上司定夺。如此一来，工作的效率就会成倍增长，上司也会因为你对工作的积极主动，而对你刮目相看。

自从认识到汇报工作对于自己的职业生涯大有好处之后，朱莉就经常主动地汇报工作。然而，让她郁闷的是，她每次汇报工作都会被上司痛斥一顿，丝毫没有起到预期的效果。对于朱莉的抱怨，职场老鸟杜鹃有自己的一套。她问朱莉："那么，你是怎么汇报工作的呢？"朱莉不以为然地说："我就是常规那样地汇报啊。我告诉老板我今天完成了哪些工作，再把我工作中遇到的困难告诉他，问问他应该怎么办。"杜鹃问："比如呢？"朱莉想了想，说："比如我最近负责新人培训，但是这些新人总是迟到早退，我就问老板应该怎么处罚他们。"听到朱莉的回答，杜鹃笑着说："你这么问老板，老板当然会批评你。我问你，假如你们公司有几十名职员，每个职员在汇报工作时都问老板一个难以解决的问题，如果你是老板，你能有好心情么？"朱莉想了想，若有所思地说："哎，当老板确实也挺痛苦的。"

杜鹃说："不是当老板痛苦，而是当不会解决问题的下属的老板，太痛苦，简直痛不欲生。作为下属，在汇报工作时，你千万不要带着问题去，能自己解决的就自己解决，向老板汇报战果即可。不能自己解决的，也要想出解决的方案，最好多准备两套，让老板拍板选用哪一套方案。这样，老板才能感受到你工作的用心和积极。"朱莉恍然大悟，说："被你一说，我觉得还真挺有道理的。从现在开始，我就按照你的方式汇报问题，要是老板再也不痛斥我，我就太幸福啦！"让朱莉高兴的是，自从按照杜鹃的提议改变汇报工作的方式后，老板果然对她的印象大好。有的时候在办公室里遇到朱莉，他还会主动和朱莉开玩笑呢！朱莉呢，也从此走入了老板的视野，职业

生涯一帆风顺。

很多人都特别害怕向老板汇报工作，因为每次汇报工作他们都只会得到批评，有的时候还会因为回答不上来老板兴之所至的提问，而非常尴尬，就像答不出答卷的小学生一样。为此，大家都觉得很困惑：如何才能通过向老板汇报工作，给老板眼中的自己加分呢？其实，除了选择合适的时机和方式向老板汇报工作之外，最重要的就是让老板看到你工作的成绩。例如，你工作中的收获和成果，当然，也要让老板看到你为了解决问题付出的努力，例如你想出了好几个备选方案解决某个难题。如此一来，老板自然不会再批评你，而是觉得你是一个有勇有谋的好员工。

很多人都觉得领导高高在上，实际上，领导和职员是水和舟的关系，是彼此需要、相辅相成的。领导既要领导员工，也需要员工支持自己的工作。作为下属，一定要创造自己的价值，让领导感觉到缺你不可。而要想达到这样的目的，你就要成为问题的终结者，而不能始终以勤学好问的小学生形象给领导提出一万个为什么。

第 02 章

闷头做事不表达，你永远也不可能脱颖而出

　　和几十年前所提倡的"老黄牛"精神相比，现代社会更推崇毛遂自荐。每个人都应该成为那颗钻透布袋的钉子，而不要只是一味地被他人的才华掩盖。尤其是在现代职场上，假如你总是踏踏实实地做事，却不会找机会表现自己，让自己走进上司的视野，那么你的职业生涯一定会黯淡无光，与星光璀璨无缘。

汇报虽然事小，但是态度事大

很多公司都有完善的考核制度，尤其是销售行业，对于每天的工作量也有明确的规定。为此，每天早晨的晨会和每天晚上的夕会，都是非常有必要的。遗憾的是，却有很多职场人士认为这种晨会夕会都是走形式，根本无关紧要。甚至在面对上司要求汇报当日工作量时，表现出不以为然的神情。的确，很多工作都是量变引起质变，因此在相当长的一段时间内，大家都在简单工作重复做。这样还有必要每日汇报吗？那些说不用汇报并且保证每天按时按量完成工作的人，一定是对于自己的自制力太有信心了。事实上，人的本性是贪图安逸和享受的。如果没有每天汇报工作的步骤，也许有很多人都会对原本按部就班的工作懈怠下来，甚至日复一日地拖延工作，导致根本无法完成不断堆积的工作量。那么，在需要量变才能引起质变的行业，进步和收获就变得希望渺茫，诸如销售行业。此外，汇报工作还有一项非常重要的意义。虽然汇报工作几乎每天都是老生常谈，但是汇报的态度却表现出很多方面的动向。对于一个积极勤奋的员工来说，在汇报工作时一定是底气十足的，因为他没有虚度这一天；对于混日子的员工来说，汇报工作当然是一天之中最难捱的时候，一边焦急地等待着下班，一边却无法给这仓皇空虚的一天一个满意的答卷。总而言之，不管从哪个角度来说，都不要小瞧汇报工作这件事，它不但关系到上司对我们的印象，很大程度上也说明了我们的工作态度。

既然无论如何也要汇报，何不将被动汇报变为主动汇报，赢得上司好感呢？想明白这件事，你就应该督促自己充实地度过一天，然后在下班之前底气十足地汇报一天的所得。此外，汇报工作还必须及时。很多时候，我们因为心里排斥汇报工作，因为汇报时总是无法做到认真严肃，反而敷衍了事。其实，每一位领导都希望员工能够充实地度过一天，然后主动向自己汇报工作。这样，领导才会觉得这位员工工作态度积极，对待领导也非常尊重，尤其是在看到员工的工作成果那么丰硕之后，他又怎么会不积极提拔这名员工呢？

于明和李刚一起进入公司，都是应届大学毕业生。也许是因为胆小吧，于明虽然工作上表现一直很好，但是特别害怕见到领导。李刚则不同，他一旦找到机会，就会主动接近领导。就拿汇报工作这件事情来说吧，最近，于明和李刚一起负责公司里的一个项目。论业务能力，脚踏实地的于明毫无疑问略胜一筹，李刚呢，常常是嘴上功夫，真材实料太少。但是，每次需要向领导汇报时，于明就很害怕，死活也不愿意去。恰巧李刚对此非常积极，因此他俩配合得倒也默契，总是于明埋头苦干，李刚主要负责汇报项目进展。

一年多之后，项目终于结束了，于明感觉自己的业务能力有了很大的进步，李刚则成了领导身边的熟人，甚至与领导称兄道弟地喝酒。面对李刚的三寸不烂之舌，于明只觉得无聊。他认为，只有脚踏实地做好工作才是最重要的。然而，半年之后，公司恰巧要提拔一名员工当项目主管。原本，基本上独立完成项目大部分艰巨任务的于明，觉得领导一定会认可他的能力。然而，他却惊讶地得知，他看不上眼的只会耍嘴皮子的李刚，居然被提拔了。这让于明无论如何也想不明白。他这个闷葫芦，经过彻夜不眠的思考之后，终于鼓起勇气去问领导，为什么他做完了整个项目，却不能继续负责项目。见了领导，于明才知道，原来李刚把他们俩一起完成项目的功劳，也可以说是于明完成大部分项目的功劳，都说成是自己的了。听到领导说："小于啊，你的工作能力当然也是有目共睹的，不过作为项目负责人，除了埋头苦干之外，还需要具有协调关系的能力。你看，你做项目一年多，几乎和我没有过交流。每次，都是李刚主动来向我汇报项目的进展情况。我觉得，你还是踏踏实实做一名技术人员比较符合你的性格，至于抛头露面的事情，就交给李刚吧。当然，我也希望你能配合李刚的工作，毕竟他是新官上任，一定

需要你们的大力支持呢！"听完领导的话，于明失望地离开了。

在这个事例中，于明的工作能力和业务水平，显然比李刚强了很多。但是，于明却忽视了汇报工作的极大好处。汇报工作不但能够帮助自己增强在上司心目中的印象，也能够表达对上司的尊重和对工作的态度，并且还能拉近与上司的距离，让上司多多了解自己的工作能力和为人处世。假如于明能够在做项目的过程中多向上司汇报工作，那么现在空缺的项目经理一职一定非他莫属。现在的他，虽然追悔莫及，却只能及时改正，等待新的机会了。

职场上无小事，很多领导非常细心，也许会从小的方面真正地考察一个职员。为此，我们千万不要小看汇报工作这件事，因为其本身就是工作中至关重要的一环，也能帮助我们走进上司视野，并且帮助上司明确我们对待工作严肃认真的、一丝不苟的态度。唯有正确对待汇报工作这件事，你才能博得上司的好感，获得上司的赞许。

总有些时候会被埋没，你要想方设法成为发光的金子

很多职场人士都觉得，只要做好自己的分内之事，上司早晚有一天会注意到自己的才华。这样的工作理念很适合几十年前，却并不适合现代竞争激烈的职场。很多时候，你虽然做了很多，但是未必你所做的一切事情都能被看到。因此，聪明的职场人士总会学着让自己主动地发光发热，进入上司的视野，而不是像被埋没在土里的金子一样，等着被上司发现。

要想让自己做的事情被上司知道，首先要学会进行工作汇报。大多数情况下，下属很少有与上司一起工作的机会，因此工作汇报成为作为下属的职员，与上司之间进行交流的绝佳机会。在我们尽力做好工作的同时，再通过工作汇报让上司了解我们的工作进展，从而得到上司的认可和赏识。及时汇报工作的员工的点点滴滴进步都会被上司看在眼里，记在心里，因而上司会了解他的工作能力和工作表现。相比之下，那些不善于汇报工作的人，则总是因为埋头苦干，导致自己虽然工作上极度努力，却只得到了极少的认可。

有很多工作虽然结果摆在上司面前，但是上司并不知道完成工作的艰难过程。倘若能够及时汇报，让上司知道你为了完成这项工作做了多少努力，那么上司对你的认可程度自然更高。这就是汇报工作的好处之一，能够让你所做的都被上司知道。对于每个人的职业生涯而言，向上司汇报工作不但是一项重要的工作内容，对于职业生涯的发展也有着至关重要的影响作用。

丝丝是一家公司的前台文秘，她刚刚大学毕业，非常珍惜这份工作，因而对待工作全心投入。丝丝是个很有计划的女孩子，她当然不甘心永远都是前台文秘，而是想转型做助理。当然，她知道这是一个急不来的事情，必须依靠自己点点滴滴的努力，才能获得机会。

作为前台文秘，丝丝不但每天要接收很多快递来的文件，也要负责做好接待工作。有一次，老总的一份快递在下班之后送到前台，丝丝拿到文件后，特意给老总打电话，问："辛总，我这边收到了您的一份快递，是从美国寄来的加急件。您着急看吗？如果着急，我现在就给您送过去。"老总很意外，想了想才说："既然是加急件，应该是重要的事情。我现在在家里呢，我住在温哥华森林。"丝丝挂了电话，就用百度地图找到了老总的住所。她先乘坐地铁，又打车，在一个小时之内，把文件送到了老总家里。老总还邀请丝丝去家里喝杯茶水，丝丝赶紧表示感谢，说："谢谢辛总。不过我还要赶回房山，您还是先看文件吧，下次有机会我再来家里喝茶。"听说丝丝住在房山，老总很感谢丝丝，说："你可真敬业，家住房山，跑这么远来给我送文件，还是在下班时间。你叫丝丝，对吧，我记住你了。你回家注意安全，到家给我发个信息吧！"

经过这次事件，丝丝自然走进了老总的心里，老总也对丝丝印象深刻。后来，老总开始留意丝丝的工作，发现丝丝真的非常尽职尽责，对待每位同事的每一份快递件，都非常及时地送达。一年之后，老总让丝丝成为办公室里的文秘，她经常找机会向上司汇报工作。偶尔遇到老总时，当老总亲切地问起丝丝的工作情况，丝丝总是有条不紊地汇报清楚，让老总不由得对她刮目相看。再过了几年，丝丝凭借自己的努力果然成为办公室助理。这与她经常向老总汇报工作有着密不可分的关系。

借着不辞辛苦给老总送快递的机会，丝丝成功地吸引了老总的关注。后来，她不但按部就班地向上司汇报工作，也会在老总关切地询问工作情况时，抓住机会向老总汇报工作。这样一来，老总自然会对丝丝印象深刻，也对丝丝的工作情况做到了心中有数。如此一步一步脚踏实地地努力，丝丝最终如愿以偿地成为老总的助理，在职场上平步青云。可想而知，在成为老总的助理之后，丝丝一定不会错过每一个向老总汇报工作的机会，尽情地展示自己的工作能力。

是金子总会发光的，但是与其等待千年才被发现，不如从现在就跳脱出来，走进领导的眼中，博得领导的认可。每个人的职业生涯的黄金时期都是很短的，只有抓紧时间、争分夺秒地让自己闪亮起来，才能尽快步入上行通道，为自己获得更加广阔的舞台。

毛遂自荐，才能成为焦点人物

现代职场，很多从事销售行业的人都知道一个道理，即从事推销工作，首先要把自己推销出去。的确，现代职场已经不适合于默默无闻的人生存。当然，如果一位职场人士只想着始终这样无声无息地奉献下去，甘愿成为幕后的英雄，那么也是无可厚非的。但是，倘若你想要成为那个从布袋子里钻出来，得到领导的关注和同事的瞩目，那么你就应该学会毛遂自荐。

和古代社会的"伯乐常有，而千里马不常有"的状况完全不同。现代社会，千里马常有，四处寻找千里马的伯乐却不常有。归根结底，随着教育程度的逐渐提高，和教育的广泛普及，曾经非常稀缺的大学生，如今到处都有。也因此，大学生就业形势越来越严峻，甚至很多大学生一毕业就面临着失业的局面。这种情况的发生，导致大学生们即使找到工作，也无法做到一劳永逸。他们必须不断地学习，给自己充电，而且还要抓住很多机会更加努力地推销自己，才能让自己在职场上不至于沦陷。只有时刻保持着曝光率，你才能获得更多的机会发展自己。要想做到这一点，我们必须掌握自我营销术，利用各种机会推销自己。只要是有心人，在职场上还是有很多表现机会的，例如在上司公布艰巨任务时主动请缨，在工作有成果时积极汇报，或者在工作遇到障碍时努力地想办法解决，并且通过汇报工作让上司看到你的付出。总而言之，只有在上司面前表现自己，你才能以最快的速度进入上司的视野，给自己的职业生涯开拓更加广阔的天地。

战国时期，赵国的都城邯郸被秦国的军队团团围困住，无法突破包围。为了请救兵为赵国解围，赵王特派平原君去游说楚国，以说服楚国与赵国一起出兵，从而与强大的秦军抗衡。平原君有三千多门客，为了圆满完成赵王的任务，平原君准备从众多门客中挑选二十人，跟随他一起出使楚国。然而，他挑来选去，只选出了十九个人。正在平原君因为仅剩的这一名随从没有合适人选时，有个叫毛遂的人向平原君主动请缨，他说："我愿意跟随您一起出使楚国。"平原君不以为然地笑着说："真正有才能的人，不管身处何处，都会像是放在布袋里的锥子一样，总会刺破布袋冒出尖来。但是，你投奔到我这里三年了，我从未听人说起过你，可见你非常平庸，并没有过人之才。"这时，毛遂自信地说："倘若我真的在布袋里，我肯定早就脱颖而出了，远远不止冒出尖来。"平原君看到毛遂如此自信，因此选中毛遂作为随从，与他一起出使楚国。

为了说服楚王和赵国一起出兵对抗强大的秦军，平原君从清晨开始劝说楚王，直到中午依然没有结果。此时，门客们急得团团乱转，却无计可施。这时，毛遂突然快步走上前去，一手握住剑柄，厉声说："结盟出兵的事情，非常简单，无非是利弊的权衡。如此简单明了的事情，有什么难以决定的？"楚王看到毛遂胆大妄为，怒喝道："我正在与你主人交谈，没你说话的份。你快下去！"不想，毛遂毫不畏惧，反而更加走近几步，说："此时此刻，我掌握着大王的生死大权，你纵然有千军万马，也毫无作用。"楚王知道自己理应出兵，也不想死在毛遂手中，因而沉默不语。毛遂继续逼问："实际上，楚国国力强盛，幅员辽阔，又有精兵强将，难道应该畏惧秦国吗？大王现在不愿与赵国结盟出兵，是想等到秦国吞并赵国，再来灭掉楚国吗？"楚王觉得毛遂的话很有道理，情不自禁地连连点头，最终与赵国签订

盟约，派出强兵为赵国解围。

在这个历史典故中，毛遂之所以能在关键时刻，得到平原君的认可，与其一起出使楚国，就是因为他能够勇敢地自我推荐，并且满怀信心。自从成功说服楚王与赵国结盟后，毛遂一夜之间名声大噪，威名远扬。作为一名真正有才华的人，一定要让领导看到你的才华，看到你在工作上的出色表现，才能有机会崭露头角。

很多人也许秉持着谦虚低调的处世原则，然而当仁不让更是现代职场的通用规则。尤其是当重任当前时，如果确信自己的能力足以担当，千万不要畏畏缩缩，而应该像毛遂一样勇往直前，充满自信地推荐自己。总而言之，唯有把自己推销出去，我们才能得到更多的机会展示自己的真才实学，从而为自己的事业发展赢得更加广阔的天空。

默默无闻，并不适合在职场中打拼的你

职场中，有很多人总是活跃在台前，相反，也有很多人总是在幕后默默无闻。事实证明，那些职场上的活跃分子，大多数都功成名就，取得了很好的发展，但是那些默默无闻的人，则总是悄无声息，似乎是可有可无的。究其原因，默默无闻并不适合现代的职场。在职场上，我们都要做一个有"声音"的人。

每当开会时，细心的人会发现，坐在前排最靠近领导位置的，总是那么几个人。同样的，坐在后排不容易被发现的角落里的，也是那么几个人。相比之下，坐在后排的人总是低头开会，甚至在互动环节也很少参与。坐在前排的人呢，他们非常积极地与领导互动，总是抢着发表自己的看法，甚至与领导当场展开交流。当与领导意见一致时，他们会随声附和。当与领导意见相悖时，即使冒着说错的危险，他们也会在深思熟虑后发表自己的看法和见解。毫无疑问，领导是非常欢迎不同的声音的。唯有这样经过不同思想的交流、碰撞和融合，才能诞生出更伟大的创意和金点子。也因为如此，那些能

够抛砖引玉启发领导思路的职员，那些能够凭借自己的聪明才智想出独特好主意的职员，都会成为领导心目中的"尖子生"。当领导每次开会都能看到这些为数不多的面孔，日久天长，一定会给予他们极高的评价，也会给予他们更多的机会担当重任，得以历练。

在职场上，彤彤是个新人。然而，她和大多数畏畏缩缩的新人不同，她是很大胆的。每次开会，彤彤都坐在前排的位置，并且尽量坐在领导的对面，以便能够与领导及时进行交流。虽然彤彤缺乏工作经验，很多理论都是未经过实践检验的，但是她常常能够以独特的角度剖析问题。在刚刚参加会议时，彤彤语不惊人死不休的理论和观点，总是让同事们瞠目结舌。然而，彤彤毫不畏惧，即便是在同事们的哄笑声中，也依然坚持说完自己的观点。几次会议之后，领导深深地记住了彤彤。有的时候，当领导提出某个问题无人敢应答时，他就会特意钦点彤彤回答。就这样，彤彤从无知无畏的状态，渐渐变得越来越成熟，甚至有的时候还会就领导的一些提议，提出不同意见。和那些同期进入公司的新职员不同，彤彤的名字早就被领导牢牢记住了。

一年多之后，公司突然提出要成立设计部，并且决定设计部的主管必须从现有的员工中提拔，因为这样才更便于了解公司的企业文化和工作流程。彤彤得知消息后，马上开始准备竞聘。这个岗位的竞争非常激烈，只有彤彤是入职一年多的新人。在经过笔试，进入关键性的面试时，彤彤以敢想、敢说、敢干的雷厉风行，力压群雄，成为设计部主管。看到彤彤入职一年多就得到如此的晋升，很多老职员都不服气，甚至找领导反映。领导解释道："你们现在知道着急了，我只知道我一个人在会议上唱独角戏时，只能听到张彤的应和与交流。你们啊，与其现在着急上火，不如想想自己哪些地方不如张彤吧！"领导的话让大家想到自己平日里在会议上的表现，不由得全都无言以对。就这样，彤彤顺理成章地坐上设计部主管的位置，从此更加放开手脚，奋力拼搏。

一个新人，在一年多的时间里成为设计部主管，彤彤的职业生涯简直顺利得让人嫉妒。然而，她不曾忘记那些带着不屑意味的笑声，更庆幸自己

在职场上始终有自己的"声音"。彤彤的独特，在于她积极地与领导展开交流，或者认可并支持领导，或者表达自己不同的声音。和那些沉默寡言的职员相比，彤彤的勇敢让人佩服；和那些只会随声附和领导的人相比，彤彤敢于说出自己的独特见解。在职场中，彤彤是独树一帜的。

在职业竞争如此激烈的今天，每个人都奢望自己能够平步青云。然而，正如毛遂自荐的历史典故为我们揭示的道理一样，我们必须钻破布袋，冒出尖来，才能更快地被人发现。从现在开始，再也不要当默默无闻或者只会附和的人，一定要有自己的"声音"，使自己成为最独特的风景。

经常汇报，上司才能感受到你的尊重

职场上，很多人不知道应该如何与上司相处。现代人都如此聪明，显而易见的阿谀奉承，甚至无事也登三宝殿地给上司送礼，显然太居心叵测了。要想博得上司的赏识，我们必须凭借自己的真才实学和超强的工作能力。不过，如果只是默默无闻地做工作，想要有出头之日也很难。人人都想找到与上司套近乎、在工作上顺利发展的捷径，从某种意义上说，这种捷径是不存在的，因为付出和努力是必不可少的。不过，如果你能在努力付出之余，稍许动一些脑筋，就能为自己的成功添砖加瓦。

在上司心目中，如果一名下属总是积极主动地汇报工作，那么他的工作态度肯定是非常端正的。而且，上司还会从下属的汇报中，切实感受到下属对自己的尊重和敬意。大多数职场人士都觉得汇报工作是一件流于形式的事情，因而总是对其敷衍了事，心不在焉，甚至想办法避免汇报工作。殊不知，在无形之中，上司已经开始误会你是否不支持他，无法做到坚定不移地追随他，甚至怀疑你不认可他的工作能力和领导能力，因而总是不屑于向他汇报工作。尽管汇报工作本身就是工作中重要的组成部分，但是因不汇报工作而导致领导更加深重的误解，显然是更糟糕的负面影响。因此，我们每个人都应该以正确的态度对待汇报工作的工作，而且还要怀着真诚和敬意，认真向上司汇报工作。唯有如此，上司才能感受到你对他的尊重，因而也更加认可和赏识你。

大学毕业后，鹏宇先是从事销售行业，因而养成了非常散漫的工作风格。后来，因为行业不景气，他赚取的薪资根本不能养活自己，所以就选择了改行。在这家设计公司，鹏宇又做起了大学的专业，进行动漫设计。

鹏宇所属设计部，主管规定每天都要回报工作进展。原来，设计部的工作非常重要，而且客户对于设计的要求，也非常严苛。为此，每天汇报工作进展，有助于减少工作的无用功，也有利于及时沟通。但是，鹏宇特别反感汇报工作。他想："汇报工作有什么用，反正每天都是在工作，也不可能因为要汇报，就做得特别好，或者怎么样。"就这样，进入公司没多久，鹏宇就开始擅自下班，总是不汇报工作。刚开始，主管还会提醒他先汇报工作再下班，后来，主管就不再管鹏宇。鹏宇暗自窃喜：终于不用汇报工作啦，原本就是无用功。然而，让鹏宇万万没想到的是，在领完当月工资后，他被开除了。面对这样的结果，鹏宇怎么也想不通。进入公司之后，他的几个设计案都完美无缺，为何就突然被辞退了。鹏宇去人力资源部打听，平日里和他关系比较好的小王告诉他："你呀，其实你原本可以得到很好的发展，但是你为何要和主管拧着来呢！"鹏宇一头雾水，说："我没有啊，我负责的设计案，主管都很满意的。"小王惋惜地说："你的设计案的确很出色，但是你的态度很不好。既然你们主管要求每天下班前进行工作汇报，你又为何非要溜走呢！不就是几句话的事么，你知道你们主管辞退你的理由是什么？她说你完全不把她放在眼里，一点儿都不尊重她。你想啊，她对你这样的评价，即使你再有才华，公司也不能容忍你啊。"这时，鹏宇才知道自己被辞退的原因，不由得追悔莫及。

在这个事例中，鹏宇之所以反感汇报工作，只是觉得这个流程没有意义，丝毫没有不尊重主管的意思。然而，主管在几次提醒他之后，突然间放弃再管理他，实际上已经决定辞退他了。为了这一点点小事情，就丢掉了千辛万苦找到的工作，简直太得不偿失了。朋友们，从现在开始，一定要从各个细节处做好。尤其是汇报工作这件事情，本身就是工作的一部分，而且

表现出对领导的极大尊重，何乐而不为呢！最重要的是，从某些角度来看，汇报工作的确能够帮助我们总结在一定时间内的工作情况，起到承前启后的作用，还能给予我们机会在上司面前表现各个方面的综合能力，的确应该做好，做到位。

汇报工作，不要害怕遭到批评

很多职员之所以不愿意汇报工作，并非如上文所说的一样觉得汇报工作是流于形式，没有任何实质性的价值，而是因为害怕汇报工作时遭到领导的批评。的确，对于认真的职员而言，汇报工作就像小学生给老师交试卷，总是忐忑不安地生怕老师挑出错误，甚至因为错误不合时宜地出现，而导致被严厉批评。实际上，在领导面前，我们作为普通职员，尤其是新进职员，和面对老师很相似。即便我们读了好几年的大学，但是对于工作经验却是零。为此，我们的工作答卷难免会存在各种各样的问题，这些问题，必须随着我们经验的积累才能逐渐减少。因此，对于新入职的大学生而言，汇报工作就成了一件非常令人紧张的事情。也正因为如此，很多新进职员都抵触汇报工作，甚至产生逃避心理。

孩子们如何进步？就是在学习和改正错误的过程中，掌握更多的知识，增加更多的体验，最终丰富自己的知识储备和人生感悟，渐渐成长起来。新职员也是如此。对于领导的批评，抵触和逃避根本无法解决问题，除非辞职不干。正确的做法应该是：抱着学习的心态，虚心接受领导的批评和指正。面对领导的批评，也无须觉得尴尬，你可以告诉自己领导新入职时一定也是这样一路走来的，才能成为今天的领导。如此想来，你就不会觉得难堪，反而会因为领导毫无保留地指导和建议，对领导心怀感激。这么去想，去坦然接受，你和领导的关系一定会从紧张的对立关系，转变为同一战线的共同进步关系。当然，对于领导的批评，你应该有则改之，无则加勉。对于领导的建议，你既可以表示认可，如果有不同意见，也可以与领导展开深入的讨论。这么做，反而能够帮助你得到领导的认可和赏识，让你因祸得福。不管你说得对与错，在你思考的过程中，领导都能够看到你进步的动力，也会因此而对你满怀期望。

入职一个多月以来，默默已经不知道挨了多少次批评了。现在，她每天从吃完午饭开始，就为下午六点的例行汇报发愁。她不知道，等待着自己的会不会又是一次批评。因为这种强度的紧张和担心，默默情不自禁地产生了离职的念头。每次看到主管板着脸听她汇报工作，她都觉得自己正在面对小学时期最严厉和不近人情的那位老师。今天下午，毫无例外，默默虽然觉得自己的工作已经有了很大的进步，主管却依然鸡蛋里挑骨头，挑出了毛病。为此，默默在下班之后，给主管发了一封辞职信。她在信里说："主管，我不知道为什么，特别害怕您。我想，我并不适合在您这里工作，我真的难以控制内心的恐惧。"

第二天清晨，默默去单位准备收拾东西，这时主管走过来叫她去办公室谈一谈。默默非常紧张地看着主管，生怕再次遭到批评。出乎她的意料，这次主管和颜悦色，一点儿都没有要批评她的意思。主管笑着对默默说："我是不是就像一个邪恶的女巫，让你幼小的心灵受到了迫害？"听到平日里一向严肃的主管居然还知道女巫，默默不禁笑了起来。主管拍拍默默的肩膀，说："你想听听我刚入职时的经历吗？"默默一声不吭地看着主管，主管自顾自地说："我刚入职时，每天都会被上司训哭。她就像是亚马孙的教官一样，对我提出最无理且根本不可能实现的要求。然而，我现在很感谢她，因为没有她，我不可能在入职一年多就升任主管。我想，你也能够像我一样优秀。你知道么，她总是那么挑剔，即使我做得再好，她也能挑出毛病来狠狠地训斥我一顿。正是这种类似于训练特种兵的方法，让我比大学所有的同学都更早地步入中层管理者的行列。"默默显然有些惊讶，她从未看过主管有如此感慨的时候。于是默默问道："所以，你也想这样训练我。"主管笑了，说："我觉得你是个可塑之才。作为领导，当然希望自己的下属更加优秀。我想，你只需要再坚持一段时间。难道你没发现，你自己越来越优秀了吗？"听到主管的认可，默默突然委屈地哭起来。她一边哭，一边连连点

头，说："我就是不知道为什么我进步这么大，您还是不满意。"主管安慰默默："你会变得更优秀，放心吧！"

在主管的劝说下，默默决定留下，继续接受主管的挑剔和苛责。果然，在半年多之后，当很多一起进入公司的新职员还处于新人阶段时，默默已经能够在工作上独当一面了。主管把默默当成是"心腹"，把很多工作上重要的事情交给默默负责。现在的默默，再也不担心汇报工作会被批评，反而会在有些时候主动请求主管给她提意见呢！

就像学生考试时做错题目一样，每次发现错题，都是一次发现不足的机会。在修正之后，他们之后很少再会犯同样的错误。工作也是如此，当被领导指出错误之后，你就会在这个方面增强免疫力，保证自己不会再次犯相同的错误。这就是进步。

每个人都是踩着前人经验的脚印前进的，也是在自己用错误搭建的阶梯上不断成长的。我们应该感谢那些为我们指出错误的人，因为他们是在帮助我们更加快速地成长。明白了这个道理，你还会以为汇报工作时被上司指出错误，甚至是批评指正而担心吗？当你能够坦然接受他人指出你的错误，你就掌握了最迅速的进步之法。

汇报既是信息的传递，也是深入的交流

通常情况下，上司和下属很难及时展开交流。因为一个上司并不仅仅负责一个下属的工作，所以在统一给下属分配工作之后，上司更希望下属主动汇报工作情况，从而帮助他及时了解和掌握。这就是上司为什么更加偏爱勤于汇报的下属的原因。懂得了这个道理，很多疏于汇报的职场人士，就会更加了解汇报工作的重要性，从而把汇报工作提升到关乎职业生涯发展的战略高度，慎重而又认真地对待。

汇报，是上下级之间传递信息的最常用方式。这是一种一对一的方式，和上司在开会时统一给每个人布置任务不同，这种信息的传递更有针对性。

与此同时，汇报也是深入的交流。针对某些具体的问题，因为没有无关人士在场，只要上司不赶时间，你就可以从容地说出自己的理解，表达自己的见解，从而抛砖引玉，很有可能得到上司的真传。归根结底，上司之所以是上司，一定有他的过人之处，有些上司是的确有着真才实学和丰富经验的。聪明的职场人士，会借着这个机会努力学习，提升自己。当然，在与上司深入交流的过程中，你的收获远远不止学习所得这么简单，你更能够借此机会让上司多多了解你，甚至因为你的某些想法和看法，而赏识你。这样的收获，对于每个人的职业发展都是至关重要的。

小马所在的部门，每天早晨都有晨会，领导会在晨会上大致安排一天的工作。作为一名普通职员，小马对待工作的态度非常认真。每次晨会，他都拿着纸和笔，记下当天的重要工作内容，以免遗漏。和大多数同事敷衍了事参加会的态度不同，小马的认真深得领导赏识。更让领导喜欢小马的还有一个原因，即小马非常乐于汇报工作。

每天下午下班前，领导会安排一定的时间见下属。只要下属工作上有困难或者疑问，就可以找领导交流。对此，很多同事从来都没有行使过这一权利，偶尔有同事找领导，也是简单地三言两语地问某件事情。只有小马，非常珍惜这段短暂的时间。因为领导安排的时间是在下班前半个小时，所以小马总是开足马力，争取在下班前半个小时完成工作，然后带着一天的工作成果和难题，与领导展开交流。诸如今天，小马负责统计客户数据。在统计的过程中，小马发现那些老客户已经很久没有电话联系了，因为每个负责销售的业务员都在忙着开发新客户，维系现有的客户，而疏忽了老客户。在和领导汇报工作时，小马向领导提议："宋主任，我觉得我们这些陈旧的老客户是非常丰富的资源。您想啊，咱们出售的是打印机，很多单位的打印机频繁使用，导致使用寿命大大缩短。如今，我们又出了新一代产品，如果能够主动打电话以售后的名义发掘他们的需求，一定会大有收获。"听到小马的这个主意，领导非常感兴趣。他问："那么，你觉得应该以怎样的形式比较好呢？"小马想了想，说："直接打电话也许突兀，我觉得可以说公司周年庆，要给老客户赠送礼品，从而索取他们的地址，免费换墨，再送礼上门。

这样呢，我们既不需要投入太多的成本，又拉近了与客户的感情。"领导兴奋地说："这个主意很好，我现在就汇报给总经理。如果领导批准，就由你来负责。"

第二天，领导通知小马，总经理已经批准了这个拓客渠道，并且拨了很多经费。接下来，领导还会给小马派两个人，由小马带领着专门完成这项工作。结果果然如小马所预料，老客户反响非常好，有26%的老客户都选择订购新产品，为公司汇聚成了一个大订单。总经理特批给了小马一个大大的红包，还说要提拔小马担任售后的主管呢！

如果不是有每天汇报工作的好习惯，也许小马脑海中灵光一闪的好主意，很快就会烟消云散。我们经常有这样的体验，有的时候很绝妙的主意突然就从脑海中闪现出来，但是在过了那股兴奋劲儿之后热情度大大降低，因而也就不愿意再花费心思去策划和向上级汇报了。小马恰恰是在每天例行汇报工作时，把自己这个在工作时无意间想出来的好主意表达出来，居然就得到了领导的认可，还由此为公司争取了大量的订单。如此一来，领导和总经理怎么会不对小马刮目相看呢！

作为职场人士，每一个展示自己的机会都弥足珍贵。我们也应该向小马学习，尽量为自己争取更多的机会，这样才能获得长足的发展！

第03章

把握汇报时机，在正确的时间做正确的汇报

　　古人云，天时地利人和。天时排在第一位，由此可见时机多么重要。不管做什么事情，都要讲究时机。唯有在正确的时间做正确的事情，才能起到事半功倍的效果。如果一个人总是逆势而动，则往往事与愿违。在职场上，汇报工作也是如此。只有选择恰当的时机向上司汇报，才能达到预期的效果，帮助我们的职场生涯更加顺利。

汇报要讲究时机，懂得见机行事

凡事都要讲求时机，在正确的时间做正确的事情，才能事半功倍，汇报工作也是如此。让很多职场人士心里添堵的现象是，同事去汇报工作时，领导给予他们非常高的评价，说："对对，你这件事情做得恰到好处，简直太棒了。好好努力吧，你的前途一定无可限量。"但是，轮到你去汇报的时候，领导却不耐烦地说："你怎么什么事情都要来问我啊，难道你自己不能直接做决定吗？我要你是干吗使的，专门来烦我的？"领导的话让我们原本高涨的工作热情瞬间跌落到冰点，你甚至失去了自信，再也不敢去找领导汇报工作。那么，同样是下属，领导的态度为什么有如此巨大的反差呢？要知道，我们和领导近日无冤，往日无仇啊。面对这种情况，有些职场人士将其归结于领导的偏心。其实，领导对待大多数下属都是一视同仁的，之所以出现这种巨大的反差，原因就在我们自己身上。归根结底，是我们没有选择正确的时机，才导致触碰了领导的霉头，无形中成了领导的出气筒。

领导也是人，不是神，不可能每天都像全能手一样面面俱到。当工作中遇到不如意的事情，或者私人感情、家庭生活方面不太顺利时，他们也会有心烦气躁的时候。在这种情况下，千万不要没有眼力见地去找领导汇报工作，更不要在汇报工作时把问题留给领导解决。那些每次汇报工作时都能得到领导赞赏的同事，一方面的确是能力超强，另一方面是他们情商很高，会选择在领导兴致高的时候汇报工作。众所周知，人的情绪是有感染力的。在高兴的情况下，人们的忍耐力和宽容度，都成倍放大。相反，在心里郁闷烦躁时，即使是好事，也无法勾起其兴致。这就是我们为什么要选择在合适时机汇报工作的原因。

露西和莉莉一起进入公司，在公司三年多以来，她们不管是工作能力，还是为人处世，都不相上下。但是，最近公司空缺一个项目主管的职位，领导亲自提名露西，却连提都没提莉莉。对此，莉莉很不服气，要知道她的资历和露西不相上下。然而，直到露西顺利成为项目主管，莉莉依然不知道自己哪里得罪了老总。

原来，老总的确很偏爱露西，觉得露西善解人意，是个智商和情商都很高的人才。至于莉莉，他对莉莉有种说不清楚的感觉，虽然莉莉也非常勤奋努力，但是力气却总使不到点子上。例如，露西每次找领导汇报工作，都会选择领导午休之后，还会很贴心地给领导泡一杯绿茶送进去。莉莉呢，她总是喜欢在上午十点钟前后，去询问领导一些烦琐的问题。这个时候，恰恰是领导最忙的时候。为此，领导很欢迎露西汇报工作，却很讨厌莉莉在上午打扰他。莉莉还经常在下班的时候发现一些问题，仓皇去请示领导。哪怕看到领导已经准备下班，她也会因为急需请示某个问题，而不顾一切地拦住领导，让领导给她明确的指示。当然，这种情况露西也会遇到。不过，她会先观察领导是否急着下班，如果领导着急下班，她绝对不会耽误领导的时间，而是自己先想出合理的解决方案，然后电话征询领导的意见。在长久的工作中，露西和莉莉点点滴滴的不同，给予领导完全不同的感受。所以，领导才会偏爱露西，而对同样勤奋工作的莉莉没有特殊的好感。也因此，他才会提名露西担任项目主管，而连提都没有提起莉莉。

在这个事例中，除了汇报工作的时机之外，露西和莉莉旗鼓相当。遗憾的是，对于领导而言，下属给他的感受很大程度上取决于汇报工作时的体验。正因为如此，露西轻而易举地就得到了晋升的机会，莉莉只能暗自遗憾。如果她不能进行反思，在未来的职业生涯中学会选择正确的时机汇报工作，前途依然非常渺茫。

聪明的人选择正确的时机汇报工作，尽管工作上有些瑕疵，领导也会因为当时的好心情而选择宽容和谅解他。愚蠢的人总是不择时机地汇报工作，即使工作做得非常出色，也会因为不受领导欢迎而被领导迁怒，最终挨了

批评还不知道是怎么回事。当然，针对不同的领导，最恰当的时机也完全不同。我们要想把握最好的时机，必须多多了解领导，熟悉领导的工作方式，这样才能准确把握时机。

了解企业文化，掌握汇报的正确频率

每家企业在发展的过程中都会形成企业文化，尤其是经过长期发展的企业，更会在漫长的岁月里沉淀下属于自己独特的企业文化。所谓企业文化，并非是简单可以描述的企业精神、企业规则等，而是企业综合素质的表现，体现出企业的价值观等。因此，要想成为一名合格的员工，首先要了解公司的企业文化，与企业的大环境相融合，继而才能真正成为企业的一分子。尤其是在现代社会，很多企业都努力打造自身独特的精神风貌，这样我们就更应该深入了解企业文化。

一个个企业就像是一个个性格各异的人。因为融入了企业，在企业担任领导职务的人们也形成了依托于企业文化的独特工作方式和个性。作为下属，在向上司汇报工作时，如果一时之间不知道应该采取怎样的频率，那么不妨从企业文化入手，了解领导的大概风格。在现代的职场上，很多人都为了"是否该去汇报工作"而陷入进退两难的境地。的确，过于频繁地汇报工作，一定会让领导觉得你是个能力太差的人，不管大事小事都一律搞不定，处处都要依靠他人。这样一来，领导未免会怀疑你的工作能力，当然也不会重用你。与此相反，假如你不管什么事情，都自作主张，甚至超越自己的权限处理问题，长期不向领导汇报工作，那么同样会给领导留下不好的印象，觉得你自以为是，狂妄自大，从来不把领导放在眼里。既然频繁地汇报工作，和凡事尽量自己做主解决，都无法博得领导的好感。那么，要想让我们的职业发展顺利，我们就必须找到汇报的最佳频率，这样才能让每次汇报工作都起到正面的效果，而不至于招致领导厌烦。

作为职场精英，罗非曾经在一家日资企业任职，担任基层的管理者。日本人做事认真，对待工作一丝不苟，下级严格服从上级的管理。因此，罗非在几年的工作经历中，已经养成了每天早晨听从上司安排工作，每天晚上向上司汇报一天工作的习惯。后来，因为家庭的缘故，他不得不换到一家美资企业工作。在这里，他依然每天主动向上司汇报工作，但是上司非但不赏识他，还要求他马上改掉总是找上司的坏习惯。

这天，罗非像往常一样请示上司，上司杰米不耐烦地说："罗非，我让你负责项目，就是为了解放我自己。你这样每天几次找我请示汇报，弄得我非常烦。我想，如果你依然不能胜任这份工作，我只能另请高明了。"听到上司毫不客气地下逐客令，罗非的脸色难看极了，他尴尬地解释："杰米，我只是觉得如果我擅自做出决定，如果出了差错，你一定会责怪我。"杰米不以为然地说："工作中出现失误是正常的，你偶尔失误，我当然不会责怪你，只要你能从中吸取教训就可以了。但是如果你凡事都让我来替你做决定，自己却不能承担任何责任，我想，你并不适合这个职位。这是我最后一次提醒你。"自从杰米给出最后的警告之后，罗非为了保住工作，再也不敢轻易去敲杰米的门。面对很多他认为重大的事情，他只能自己权衡这做出决定，这让他心里异常纠结。

一个偶然的机会，罗非把自己的苦恼告诉了一直负责人力资源工作的好朋友艾琳。艾琳一语中的地为他指出了问题的症结所在："罗非，你犯了一个错误，你并不了解你美国公司的企业文化与此前你工作的日本公司有何不同。日本企业的管理特别呆板，强调员工对上司的服从性。他们的企业就像是一架精密的仪器，一点儿差错都不允许出。但是美国是一个崇尚自由的国度，所以大部分美国公司都讲究自由和民主，对待员工也强调自主性和创新性。你如果把你在日本公司工作的经验习惯直接照搬到美国公司，一定不能博得上司的好感。我建议你多多了解美国这个国家，也用心融入你所在的美国公司的企业文化，这样你才能尽快适应新工作。"艾琳真是一语惊醒梦中人。罗非在了解美国公司的企业文化之后，尽快改变自己的工作方式，很快又在公司站稳了脚跟。

从每天都要求汇报工作的日本公司，到不喜欢下属经常汇报的美国公

司，罗非似乎是从专制的国度一下子进入自由的国度，还有些不适应呢！幸好，他有一位精通人力资源管理的好朋友，在艾琳的指点下，他恍然大悟，马上调整工作方式，从而在公司赢得了一席之地。这就是企业文化对于汇报工作的影响，那些曾经觉得企业文化和汇报工作毫无关系的职场人士，在看完这一篇内容时，一定也会如罗非一样茅塞顿开吧！

身为职场人士，要想让自己的职业生涯更加顺畅，一定要从各个方面着手，做到有百密而无一疏。很多看似无关紧要的小事，我们也依然需要用心去做，才能极尽完美。

职场风云，有些情况不得不报

面对在职场上瞬息万变的工作状况，永远有很多人徘徊在"汇报"与"不汇报"的两难境地。这些人的工作态度也许都很认真，工作能力也没有任何问题，但是就因为没有把握好汇报与否的界限，导致自己陷入困境。其实，作为职场人士，无一例外地都要遵守职场规则。在汇报与否的两难境地，也是有规则可循的。要想避免给领导留下不被尊重的恶劣印象，我们首先应该掌握哪些情况是必须汇报的。这样一来，即使因为汇报得过于频繁被怀疑工作能力，也不至于让领导误以为你不尊重他。显而易见，后者的情况更加严重。那么，哪些情况是必须汇报的呢？

首先，你的工作计划必须汇报。当领导交给你一项新的任务时，你一定要认真地制定工作计划，然后将其上报领导。要知道，工作计划是你预计完成工作任务的具体实施方案，在制订之初就交给领导过目，可以让领导及时指出你计划的瑕疵和不足，从而帮助你把握方向，避免做无用功。其次，在工作进展到关键阶段时，也要汇报工作。领导把某项任务交给你，一定想让你给他交出满意的答卷。如果你能在关键时刻主动汇报，则不但可以让领导了解工作进度，也能增强领导对你的信心。再次，在工作出现意外或者超出你的权限时，你都要汇报。在工作出现意外时，不管这个意外是好的还是坏的，及时汇报都能够帮助你获得领导的支持和帮助，也能帮助你分担一部分责任。在超出权限时，如果你不汇报，则一定会让领导觉得不受尊重。最后，在工作完成时，你一定要进行总结性汇报，给领导交上圆满的答卷。任何事情都要有始有终，方得圆满。工作汇报也是如此，在开始制订计划之初，到最后圆满完成之后，都要汇报工作做到首尾呼应，让领导欣赏你工作的连贯性和完整性，从而在心里给你加分。也许有人会问，如果一项工作领导已经全权委托给下属，下属也要按部就班地进行汇报吗？答案是肯定的。在领导把工作全权委托给下属时，并非不再关心此事。只要领导还在关心此事，你的汇报就会受到领导的欢迎。而且，大多数全权委托的情况下，说明领导比较器重你，也在借着全权委托的机会认真细致地观察你，这种情况下更加不能让领导失望。

　　作为青岛项目的全权负责人，张铭在领命之后，当即从北京飞赴青岛。刚开始时，项目进展得非常顺利，一切都按部就班。然而，就在项目开展一个多月时，张铭突然发现项目最初的财务计划漏掉了一项很大的开支。为此，他思来想去，觉得既然领导已经把这个项目全权委托给他负责，自己有一定权力，因此就擅自向总部的财务部门提交了新的财务计划。

　　然而，财务部门在收到张铭提交的财务计划后，第一时间通知了张铭的领导，并且问领导是否批准张铭的财务计划。得知此事后，领导非常生气，因为张铭擅自报上来的这笔开支虽然是完全合理的，但是张铭并没有提前向他汇报。为此，领导打电话质问张铭："张铭，是谁给你如此大的权限，让你自作主张申请经费的？"张铭一时语结，不知道该如何回答领导，过了很久才说："您不是让我全权负责么，我就……"领导生气地打断张铭，说："财务问题大于天，虽然这笔经费是漏报的，但是我是你的顶头上司，我也是要对这个项目负责的。一切的经费都是报经董事会批准，才能领取的。连我都没有这样的权力，更何况是你呢？"这次事件，虽然最终经费顺利批下来了，但是张铭却给领导留下了非常不好的印象。

　　在上述事例中，张铭在整个项目中表现都很好，也非常勤奋努力，但是却因为财务问题，得罪了领导。这次事件，让张铭深刻意识到有些问题是不

得不报的，哪怕被授予全权处理，也不能擅自做主。在得到这个教训之后，张铭在行走职场时，一定会更加谨慎。

职场中，上级和下属的关系非常微妙。打个不恰当的比喻，这就像是君和臣的关系，近了不行，远了也不行。不管什么时候，该汇报的工作一定要及时汇报，才不至于得罪上级。要想在职场上如鱼得水、游刃有余，我们一定要掌握好汇报与否的尺度。

磨刀不误砍柴工，了解上司才能正确汇报

世界上绝对没有两片完全相同的树叶，也绝对没有两个脾气秉性完全相同的人。把这个道理套用到职场上，我们完全有理由说世界上绝对没有两个行事风格、性格个性完全相同的领导。这一条颠扑不破的真理，也就决定了我们在和上司相处时，为了相处尽量愉快和融洽，一定要首先了解上司，然后才能做到愉快地工作。

通常情况下，大多数人都把上司放在自己的对立面，觉得上司和下属一定是水火不容的关系，从骨子里就是对立的。正因为这种错误观点的引导，他们也总是觉得上司面目可憎，总是在瞪大眼睛鸡蛋里面挑骨头。其实并不是这样的。从本质上来说，上司和下属就像是一个战壕里的战友，都在为了共同的目标努力。很多人的职业生涯之所以屡遭不顺，就是因为没有摆正心态，更没有正确理解自己和上司之间的关系。倘若能够调转思路，发自内心地亲近上司，与上司通力合作，那么就会发现上下级关系并非如想象般可怕，上司甚至也还会有一些可爱的地方呢！这就要求我们多多了解上司，走进上司的心里，与上司产生共鸣。很多人在汇报工作时"屡遭不测"，不是被上司批评，就是被上司全盘否定，也是因为不够了解上司的缘故。倘若从此刻开始就奉行先了解上司，与上司用心相处，掌握汇报工作的金科玉律，那么汇报工作就会事半功倍。

舟舟跟着现在的上司已经半年多了，因为舟舟工作认真、勤奋，所以

与上司相处倒也愉快，并没有什么不可调和的矛盾。很多时候，舟舟因为年轻，做事情总是考虑不周全，上司也会给他提出切实可行的建议，舟舟总是从谏如流。最近，上司交给舟舟一个重要的任务，让舟舟策划一个营销方案，并且做出可行性报告。

对于进入公司之后第一次担此大任的舟舟，兴奋之余又很紧张。接到任务的当天，舟舟就去向职场的老前辈——表姐请教。原来，舟舟的表姐就是广告公司的资深策划，舟舟一心想在表姐的帮助下一鸣惊人。听舟舟讲述完上司的策划方向，表姐非常轻松地说："你这个就是小CASE，我一个晚上就帮你搞定了，你赶紧回家睡觉去吧！"的确，上司交代的广告策划对于表姐这样的策划高手而言是很简单，但是对舟舟来说却是个考验。第二天清晨，表姐就把策划案发给了舟舟。舟舟看到表姐精彩绝伦的创意，简直欣喜若狂。不过，这个创意需要投入大量资金，舟舟却没有细细考虑。他刚刚来到单位，就迫不及待地把策划案拿给上司看。不承想，上司看完策划案之后，怀疑地问："你在一夜之间就想出了一个策划案，经过仔细思考了吗？投入这么大，万一效果不好怎么办呢？我觉得你太草率了，还是再认真考虑几天，拿出一个可行的方案来吧。"

如此完美的一个策划案，被上司这么轻描淡写的几句话就PASS了，舟舟简直郁闷死了。他很愧疚地告诉表姐策划案没通过，还抱怨上司没眼光，但当表姐听完舟舟的讲述后，严肃地对舟舟说："舟舟，问题其实出在你身上。你跟了这个上司半年多，难道不了解他的脾气秉性吗？听你的讲述，你的上司就是个非常谨慎的人。你一夜之间就变出一个策划案，即使是很好的创意，上司肯定也觉得你过于草率。如果你能事先了解他的性格特点，等到过几天再交出策划案，也许他就会慎重对待了。现在，你还是把策划案根据你公司的情况和上司的脾气秉性，再有针对性地改一改，过几天再上交吧。"

原本由作为资深策划的表姐做出的精彩策划案，因为舟舟不了解上司的脾气秉性，在一夜之后就草率上交，导致上司马上否决。最终，幸好有是表姐给舟舟进行了鞭辟入里的分析，才能帮助舟舟了解真相。事实就是如此，

作为下属，我们必须深入了解上司的各个方面，才能在工作中恰到好处地迎合上司的心思，也才能帮助自己的工作获得更圆满的成果。

很多人觉得工作就是工作，根本没有必要揣摩上司的心思。你却忘了一件重要的事情，即上司是你的工作创意能否通过的决策人，是你的工作成果的评定人。要想在工作上突飞猛进，你与其盲人摸象般摸索，不如先了解上司，然后再事半功倍地开展进行。

如果我们无法改变，那就只能学着适应

当你行走在沙漠里，四周空无人烟，而你又饥又渴，你能奢望沙漠中突然出现绿洲吗？当你走在暴雨中却没有雨具，只能顶风冒雨前行，难道你能奢望突然间雨过天晴，艳阳高照吗？不管是沙漠中恶劣的气候，还是狂风暴雨的天气，你都无法改变什么。当你身处其中时，无论你多么怨声载道，这一切都依然如故。接下来，你会怎么做？是继续抱怨，还是改变自己，适应环境？继续抱怨，恶劣的气候再加上绝望的心情，你只会更加走投无路；尝试着让自己适应环境，你也许反而能够争取到一线生机。这就是人类有史以来进化的历程。从类人猿的出现，到人类的诞生，再到原始社会，经历了无数次进化和改变，人类才最终走入现代文明社会。作为个体，虽然无法走过漫长的历史进程，但是人的一生也是不断改变和适应的过程。所谓适者生存，说的就是这个道理。

一个抱怨床的人，除非有能力买一张新床，否则就只能在这张无法令自己满意的床上悲叹到天明。这样做除了令自己第二天头晕目眩、困倦乏力之外，还能有什么作用呢？聪明的人会放松心情，努力适应这张床，让自己渐渐地拥有好睡眠。下属与上司之间，就是这样的关系。很多职场人士，对上司除了抱怨还是抱怨，甚至没有一刻钟停止过对上司的抱怨。这样的职员，除了怨天尤人之外，不但无法得到上司的赏识，也会耽误自己的职业发展。在职场上，很多草率的人稍有不满意就跳槽，殊不知，他们丢掉的是自己宝

贵的青春。现实情况是，没有哪个上司能够完全让下属满意，同样，也没有哪个下属能让上司完全满意。更多的时候，上下级之间在彼此磨合和适应，因为他们共同的目标是把工作做好。因此，一个聪明的职员不会因为上司不合他的心意，就轻而易举地辞掉工作，要知道，没有任何人能保证下一个上司能让他满意。既然我们无法改变上司，除非是不可调和的原则性矛盾，就应该学会适应上司的工作风格，跟上上司的节拍。

很多初入职场的年轻人，以个性为借口，以独特为理由，处处都跟上司拧着干。这么做，受到最大伤害的其实是他们自己。要知道，上司不会因为下属不适应自己的工作风格就改变自己，因而当你处处与上司针锋相对时，你一定会错失展现真才实学的机会。纵然你的工作能力超强，也没有表现的舞台。如此一来，你最终耽误了自己的职业发展。既然如此，我们就更应该适应上司，为自己争取机会表现真实的工作水平。

李娜所在的部门，前任领导本身是自由散漫的风格，因而下属们也都非常自由。有的时候遇到有私事，上班晚来一会儿，领导并无异议，下班的时候提前走个十分钟八分钟的，领导也不言语。就这样，整个部门的同事们全都拿上下班的规定时间不当回事，只要把工作提前完成，迟到早退也就无人追究。

后来，这个领导因为工作需要，被调到其他部门。因此，新的部门领导就走马上任了。在新领导上任第一周的周一，大家依然像之前一样迟到早退。不过，新领导当天下午就下发通知：每个人不管是迟到还是早退，一次罚款50元。如果需要请假，必须提前一天提交书面申请，突发疾病除外。在这一个星期里，部门里每个人都因为迟到早退被罚款数次。直到第二周的周一，新领导通知大家八点上班准时开会，李娜依然因为送孩子，迟到了10分钟。当天，所有按时上班的同事们都在集合会议室，包括新领导在内，都静静地等着李娜一个人。当李娜看到空无一人的办公室时，不由得紧张起来，赶紧往会议室跑去。当她推开门的那一刻，新领导站起来严肃地说："我宣布，李娜因为无故旷工被开除。现在散会。"李娜万万没想到自己迟到10分钟居然会有如此严重的后果，因此找到新领导解释。不想，新领导斩钉截铁

地说："我不需要理由。我已经给了你们一个星期的时间适应，但是显然你不太适合在我手下工作。"自从李娜因为迟到被辞退后，部门里再也没有人敢迟到早退了。

在军营里流传着一句话，铁打的营盘流水的兵。在职场上也是如此，不管是同事之间还是上下级之间，人事调动是很正常的。当换了新领导时，一定不要沿袭前任领导的风气，而应该与时俱进，改变自己以适应新领导的风格。

其实，不仅仅是职场上需要我们改变自己以适应上司，生活中很多情况下，以人类个体弱小的能量都是无能为力的，只有顺应形势，顺势而为，才能达到事半功倍的效果。

上司的晴雨表，你掌握好了吗

很多女性朋友都会因为生理周期的不同，情绪也随之波动。如今，随着相关科学知识的普及，越来越多的人已经认识到这个规律。然而，绝大多数人依然不知道的是，男性也会有情绪的周期，只不过是没有女性那么明显而已。既然男性和女性都有情绪的周期性改变，那么，我们就应该学会合理利用这个周期，为生活和工作提供便利。尤其是在职场上，很多人都因为不知道如何与上司相处而苦恼，假如能够了解上司的情绪周期，知道上司何时兴致高昂，何时情绪消沉，那么再根据上司的情绪周期做出最合理的工作安排。尤其是汇报工作时，如果能选择在上司情绪高昂、兴高采烈的时候，则更加效果显著，更容易博得上司的认可。

曾经有个美国电影的镜头让人印象深刻，每到周一，就有三个职场里叱咤风云的精英人物相聚在咖啡馆里。原本经过周末的休息应该是精神抖擞的周一，他们却显然提不起兴致，整个人看起来都很疲惫。他们必须依赖喝杯咖啡提提精神，就连咖啡馆的服务生都知道他们正在遭到"星期一综合征"的困扰。原来，上司的情绪周期不但遵循其作为男性或者女性的生理规律的影响，还受到职场规律的影响。例如，很多职场人士在周一这一天的状态都不是很好，一则是因为要从轻松休闲的周末时光迅速调整进入工作状态，二则是因为周一是一周之中最忙碌的一天，正如人们所说的一年之计在于春，一日之计在于晨，在职场上，一周之计就在于周一。和每一个普通员工容易受到周一综合征的影响一样，上司也是人，不是神。在紧张忙乱的周一，也许他们心里还想着周末和家人一起在海边度假的情形呢，但是办公室的门却被接二连三地敲响，他们如何会感到高兴呢？当然，并非每个人周一综合征的表现都很明显，有些人在周末经过充分休息后，周一的确生龙活虎。由此可见，关于上司的晴雨表，还是需要我们用心搜集更多的资料和情报，才能正确掌握。

陌陌和芊芊是同班同学，大学毕业后一起进入这家公司。毫无疑问，她们还是好闺蜜呢！虽然她们能力相当，为人处世也都非常随和，但是领导对于陌陌似乎总有偏爱，而芊芊呢，总觉得愤愤不平。她不知道自己哪里不如陌陌，尽管是好闺蜜，她心里依然觉得酸酸的，很想也像陌陌一样成为领导眼前的红人。为了找到自己与陌陌的差距，芊芊进行了长达三个月的观察，终于有了蛛丝马迹的发现。

陌陌和芊芊分别负责不同的工作内容，因为是刚刚大学毕业，没有丰富的工作经验，因而她们俩几乎成了找领导请示汇报频率最高的人。经过三个月的观察，芊芊发现陌陌每次汇报工作后，都是笑着从领导办公室里走出来的。而自己呢，很多次汇报工作，都是苦着脸，原因很简单，挨领导批评了呗。为此，芊芊百思不得其解。直到有一次，她实在忍不住了，因而问陌陌："亲爱的，为什么你每次都能得到领导的表扬，但是我却一汇报工作，就遭到批评？"陌陌笑着说："没有啊，我觉得领导很和气，对每个人都很好呢！"芊芊不以为然地撇撇嘴，说："你这么觉得，就是因为领导从未批评过你。要是你跟我一样总挨批评，你就会觉得领导简直是个魔头啦！"这时，陌陌一本正经地说："其实领导真的没有特殊优待我，只是我每次都选择他天晴的时候去汇报、请示而已。""天晴？"芊芊一脸茫然，领导也有天气预报吗？陌陌似乎看透了芊芊的心思，笑着说："你呀，以后别总想着

逛街买衣服买化妆品啦，还是赶紧琢磨琢磨领导的心思吧。你不知道吧，每个领导都是有情绪周期的。就像咱们一样，要是万一赶上'每个月的那几天'去汇报工作，可够你受的。"在陌陌的推荐下，芊芊也看了一些关于职场的书籍，学会了观察和掌握领导的晴雨表。现在，她再也不怕汇报工作的时候挨批评啦！

在这个事例中，同样勤奋工作的陌陌和芊芊，之所以在汇报工作时被领导区别对待，原因并不在于领导的主观，而是因为芊芊没有像陌陌一样找到上司的情绪规律，因而一不小心就会惹上司心烦。

作为职场人士，与上司搞好关系，让汇报工作进行得更加愉快是很有必要的。如果你们也曾不小心遇到上司"每个月的那几天"，那么从现在开始就用心观察和搜集上司的情绪，掌握上司独有的晴雨表吧！

良好的氛围，有助于提高汇报的效率

语言，是人类进行交流和沟通的主要媒介。我们不但通过运用语言表达自己的内心，也通过听取他人的诉说，了解他人，走进他人的心里。如果没有语言，世界将会多么寂寞啊！尤其是在人际交往中，语言更加起到至关重要的作用。很多情况下，同样的一件事情，由不同的人以不同的方式表达出来，或者由同一个人以不同的方式表达出来，效果都是截然不同的。唯有从此刻开始更加深入地研究语言，我们才能对其运用得更加灵活自如。

在现代职场上，更是把人际关系提升到前所未有的高度。要想让我们的职业生涯发展得更加顺利，我们就应该与上司搞好关系，这离不开通过语言的交流实现信息和心意的传递。既然如此，我们有什么理由不重视汇报工作呢？要知道，即使你平日里默默无闻做得再多，也无法代替你在愉悦的氛围中，恰到好处地向领导汇报工作。不过，有很多事情并非我们一方努力就行的，例如汇报工作，说的人再怎么情绪激昂，也得听的人能听得进去，汇报才有效果。从某种意义上来说，领导心情的好坏决定了我们汇报工作能否获得成功。作为明智的职场人士，一定会避开领导心情烦躁、郁郁寡欢的时候，而选择在领导心情舒畅、斗志昂扬的时候汇报工作。实际上，很多情况下汇报工作的氛围也是需要我们主动营造的。让领导愉快地听你汇报工作，即使你有小小的瑕疵，领导也能宽容地表示理解和体谅。

那么，如何营造良好的氛围呢？有些人汇报工作喜欢开门见山，甚至有什么坏消息也会一股脑地倒出来，这会让领导在短时间内不堪重负。如果不是特别着急的问题，经验丰富的职场人士往往会选择在领导心情好的时候，先以比较简单轻松的话题展开，然后循序渐进，逐步深入。有些人还会适度地恭维和赞美领导，让领导心情大好。这是因为没有任何人会不喜欢赞美，人的天性就是乐于接受恭维。总而言之，营造良好的氛围有很多种方式，只要你处处留心，就一定能够如愿以偿，汇报工作也会效率更高。

自从担任公司的部门经理后，徐立简直像打了鸡血一样，工作起来劲头十足，恨不得一夜之间就做出惊天动地的大事，给公司带来更大的收益。的确，老总就是因为欣赏徐立的拼搏精神和勤奋苦干，才提升他为部门经理的。不过，很多事情过犹不及，老总也是非常保守的，不想冒进。在老总出差去美国的半个月时间里，徐立终于得到授权，全权处理公司的事情。为此，徐立在做好日常管理之余，又想出了一个非常好的创意，能够帮助公司拓展业务，占领更大的市场。不过，这个创意是个大动作，不但需要投入巨大财力，也需要投入很多精力。为此，徐立认真地想了好几天，决定找个最好的时机向老总提出他的创意。

眼看着还有两天老总就回来了，徐立决定把提出创意的时机定在老总的欢迎晚宴上。这次，老总去美国谈成了一个合作项目，算是马到成功，原本就非常高兴。如果徐立再给老总一个意外的惊喜，为他策划一个欢迎会和庆功宴，效果一定非同凡响。想到这里，徐立开始紧锣密鼓地策划宴会，并且让相关的几个人一定注意保密。老总到达的那天，徐立亲自去机场迎接，然后直接把车开到了公司的会所。老总原本以为徐立是想让他去休息，不想，刚刚推开会所的门，就看到几十名员工一个也不少地正在静候他的到来。桌子上是一个三层大蛋糕，每个人都笑意盈盈地对老总说："欢迎老板凯旋而

归！"老总转眼间心花怒放，疲惫感一扫而空。这次宴会进行过半时，老总已经有些小醉了。他向大家讲述在美国的经历，说："请大家相信我，未来我们的公司一定会飞黄腾达，让每个人都成为开朝元老。"这时，徐立见缝插针地说："老总，我还有个好消息要告诉您。在您不在的这段时间，我做了个详细的策划，能把咱们公司的业务量提升至少40%。如果这个策划能够得到您的支持，那就太好了。"老总正在兴头上，一听说能把业务量提升至少40%，马上斩钉截铁地说："做，为什么不做呢？做了，就有机会，就有成功的可能。"老总的这句话让徐立心花怒放，他马上举杯提议："在老板的带领下，我们未来一定会事业有成的。大家都为了老总的胆识和魄力，也为了我们追随这样的老板，干杯吧！"徐立的这句话把宴会推向了高潮，不但老总，几乎每个在场的人都非常激动，似乎胜利就在眼前。第二天，徐立向老总汇报工作，提交了可行性方案。虽然对于徐立的设想并不完全信任，但是老总记得自己头一天晚上的承诺，因而也只有让徐立再认真完善计划，即可实施。

原本是一件关乎到公司前途和命运的大事，徐立因为亲自策划了宴会，再加上大家对老总去美国洽谈旗开得胜的恭维，因此把谈话的氛围推向了高潮。就这样，徐立顺利得到老总的认可，获得了将自己的创意实现的机会。

职场上，上司对我们是否支持，往往决定了我们的职业命运。既然如此，我们为何不在进行重要的汇报前，先营造良好的谈话氛围呢！只要有心，只要用心，相信每个职场人士都能为自己的事业添上翅膀，使其如虎添翼。

第04章
汇报工作之前，先把该做的事都做好

很多职场人士之所以终日努力，却一直得不到赏识，就是因为他们总是半途而废，并没有完整地完成某一项工作。这样的职员如果作为一颗螺丝钉出现，一定会是合格的螺丝钉，但是却无法得到上司的重用，因为他们从未把一件事情完整地做好。要知道，上司每日的工作并非喝茶看报，通常情况下，上司承担着更大的压力和责任。只有一名能够为他分担的下属，才能帮助他排忧解难，进而成为他的左膀右臂。

成为一切问题的终结者，上司才会赏识你

所谓汇报工作，其实是下属与上司进行交流的一种方式。在汇报工作时，下属把自己的工作计划呈现给上司，让上司给其批评指正。有的时候，下属会在工作进展到一定阶段或者出现特殊情况时，再次进行汇报。当然，聪明的下属不管工作完成得多么好，都会在圆满完成工作之后再向上司汇报，这既是让上司知道他的工作成果，也是得到上司认可和赞赏的好机会。然而，有些职场人士误解了汇报工作的目的。在他们心里，只有在遇到问题不能解决的情况下，才会向上司求助，让上司帮助出主意，想出解决问题的方法。殊不知，如果一个人总是以求助者的形象出现在上司面前，那么一定无法给上司留下好印象。

打个不恰当的比方，就像是乞丐。如果你总是以乞丐的形象出现在他人面前，并且向他人乞讨，那么他人一定觉得你就是乞丐，是没有生活能力的弱者。相反，如果你经常以独立自强的形象出现，他人就会觉得你能力很强。即便你偶尔需要他人的帮助，他们也不认为你就是乞丐，而是觉得你只是需要借一把力。那么，作为职场人士，你想让自己在上司心目中拥有怎样的形象呢？毫无疑问，没有人愿意成为上司眼中的弱者和乞丐，否则，就永远得不到咸鱼翻身的机会。恰恰相反，我们尽管时常需要上司的帮助，但是却应该也找机会让上司看到我们独当一面的时候。唯有如此，上司才能做到尽量客观地了解和评价我们。当然，最理想的工作状态，最容易得到上司赏识的人，一定是所有问题的"终结者"。所谓终结者，顾名思义，就是能独立解决职责范围内的一切问题，不必为了自己工作范围内的事情去劳烦上司。这样，上司会觉得相对比较轻松，也会更加赏识你。

虽然小米刚刚进入公司两年多，但是突然就由文秘成为上司的助理了。这一点，让很多比小米先进公司的老职员，都羡慕妒忌恨，同时也不明就里。包括小米自己，在得知荣升助理之后，也非常惊讶。要知道，通常情况下，上司的助理都是由进公司五年左右，对各项工作和作业流程都非常熟悉，也很了解上司的脾气秉性的人担任的。现在，小米只能暗自窃喜，装作一本正经地走马上任。

小米果然没让上司失望。她新官上任，非但没有因为不熟悉工作而四处求教，反而凭借自己的细心、认真和大胆，帮助上司处理好一切杂事。尤其是昨天，上司特别感谢小米。小米在上任之初就从公司档案了解了上司的生日、结婚纪念日以及上司孩子、妻子和父母的生日等资料，并且将其用最短的时间牢记于心。就在昨天，上司正在美国出差，也许是因为时差颠倒，早就忘记了当天是妻子的生日。不想，妻子却打电话给他说："老公，你真是太让我感动了。我还以为，你肯定在美国忙工作，把我生日忘记了呢！没想到你还安排助理给我送来一大束我最喜欢的白百合和红玫瑰，还有一个我最爱吃的提拉米苏蛋糕。老公，我爱你！"老婆这一番热情洋溢的表达，让上司丈二和尚摸不着头脑，听到最后阶段，才知道是小米做的一切。上司赶紧给小米发短信表示感谢，并且对小米的工作表示了由衷的赞许。小米却淡然地说："这都是我身为助理应该做的，您不用客气。"不仅是在生活的细节上，在工作上，小米也总是不遗余力地为上司排忧解难。有的时候上司出差在外，小米也独当一面，为上司处理公事。当然，小米的分寸把握得特别好，在必要的时候，她是无论多么着急都会打电话请示上司的。为此，上司逢人就夸，说："我的助理非常合格，千金不换。我真是伯乐啊，我就觉得小米自从来到公司，不管在哪个职位上，都是问题的终结者，都能独当一面。事实证明，我果然没有看错人。"

在这个事例中，小米之所以得到上司赏识，被上司钦点为助理，就是因为她是不折不扣的问题终结者。和很多职场新人做事畏畏缩缩相比，小米显然是精明干练的。她的分寸感也把握得很好，不会超越权限，只会在权限范

围内最大限度地解决一切问题。作为上司，假如每个下属都能如同小米一样搞好自己的分内之事，那么上司自然会更加轻松。

在职场上，你还是一个凡事都要请教的小学生吗？从现在开始，让自己赶快成长和成熟起来吧。只有你迅速提升自身的能力，尽量帮助上司排忧解难，你才能得到上司的赏识，职业生涯才能一帆风顺。

不要当一天和尚撞一天钟，要把工作当事业

现在的职场上，很多人每天犹如超人一般全能全项，拼尽全力地工作，或者是为了实现人生的梦想，或者是为了给家人创造更好的物质生活，也有人每天都半死不活，即使大清早起床也依然睡眼蒙眬，在单位从早混到晚，只等着下班回家打游戏，或者吃饭睡觉。这样的两种人，人生中耗费在工作上的时间其实是完全一样的，都是8小时，或者是加班之后的10小时，但是他们的成效却是反差巨大的。前者，如果足够的勤奋再加上小小的聪慧，很快就能从众多的同事中脱颖而出，成为不折不扣的精英。但是后者呢，尽管也花费了同样的时间坐在单位里，但是却毫无收获，重则被单位辞退，轻则就这样混沌地过了大半生，却一无所成。眼见着和自己同龄的人都已经步入中层管理或者高层管理，他们只会抱怨自己生不逢时，时运不济，却丝毫没有想到，当他人在奋力打拼时，他却呆坐在工位上偷偷地看电影、看小说、网购等。

混日子的员工，最终欺骗的是谁呢？也许老板有经济上的些许损失，但是他却浪费了自己最宝贵的青春时光。人生看似漫长，实则短暂。其实在职场上打拼，为梦想而努力的时间，就那么几十年。甚至对于有些行业而言，就只有十几年。既然如此，为什么不能把工作当成事业来做呢？倘若我们能够改变观念，不再把工作目的仅仅局限于挣钱，而是把工作当成是自己的事业，那么我们的工作状态马上就会改变，整个人也会脱胎换骨。很多人形容混的状态，说混的人当一天和尚撞一天钟，这句话的确非常形象。从现在开

始，就让我们把工作当成事业吧，你会发现自己彻底改变了，也会发现原本让你觉得索然无味的工作，转眼之间变得精彩起来。原来，一切并非是外界的原因，而是很大程度上取决于你的内心。

有两个年轻人在大学时期住上下床，既是好同学，也是好舍友，还是好哥们。大四那一年，他们一起结伴找工作，最终同时被一家公司录取，一起走进销售行业。他们的工作职责是推销打印机。每天，这两个年轻人早晨都来到公司报到，然后再根据主管的分配，去进行陌生客户的拜访。当然，他们下班之前还要回到公司里来，再向主管汇报一天的工作所得。刚开始时，这两个年轻人态度都很认真，每天都一丝不苟地汇报工作。然而，陌生拜访的效果是很慢的，在接连十几天都毫无收获，并且遭受到无数次拒绝之后，有个年轻人渐渐懈怠了。他虽然和之前一样每天出去拜访陌生客户，但是主管明显感觉到他在汇报工作时心不在焉，敷衍了事。尽管主管一再鼓励他们，说只要坚持一个月以上，一定能够开拓出客源，但是懈怠的年轻人依然提不起兴致来。相比之下，另外一个年轻人则始终保持着积极和热情。他很相信主管所说的话和给他们描绘的未来，常常鼓励好朋友一定要坚持下来，不要放弃。就这样，一个半月之后，这个积极乐观的年轻人突然就签订了一个很大的订单。对于他的成功，主管拿出了这两个年轻人一个多月来每天下班前上交的工作汇报。一个是潦草的，一个是工整的；一个的工作量化含糊不清，一个的工作量化精确到小数点后一位。再看看他们的鞋子，一个人的鞋子鞋跟完好如新，一个人的鞋子鞋跟已经磨损了一半厚度。主管毫不客气地说："你们两个只能留下来一个，谁走谁留，大家心里应该很清楚。"懈怠的年轻人眼看着最好的朋友获得了成功，追悔不已。

工作，绝不仅仅只是为了谋生。人在职场，如果没有强烈的信念作为支撑，往往很难坚持做出成就。很多时候，我们必须相信自己，相信自己所在的行业和所在的公司，并且相信上司对我们的每一句鼓励，才能熬过那段最艰难的岁月。

作为职场畅销书，著作《哈佛学不到》的马克·麦科马克毫不掩饰地说："那个努力工作的人，一定会经常向我汇报工作。恰恰相反，那个从不

汇报工作的人，工作一定不努力。否则，他为什么不想让领导看到他的努力呢？"由此可见，上司是需要下属积极汇报工作的。如果你还在埋头苦干，或者还在整天自欺欺人地混日子，那么一定要从现在开始，认真工作，认真汇报，把每一份得来不易的工作都当成事业去用心经营。

做好细致入微的小事，让上司对你刮目相看

每个人都梦想着自己有朝一日能够做一件惊天动地的大事，一鸣惊人。然而，生活中总是充满了琐碎的小事，总是牵扯我们无限的精力，让人疲惫不堪，这就是生活的常态。不尽生活如此，职场也是如此。在无数职场人士都对工作挑肥拣瘦，总是嫌弃平凡的工作无法立竿见影证明自己的实力，事实却是，那些能够把每件小事都做好的人获得了最终的成功。由此可见，任何伟大都是由渺小汇聚而成的，任何独特都是从平凡中缓步走出的。只有做好细致入微的小事，尤其是做好那些连上司都不曾注意到的小事，你才能赢得上司的认可和赞许，打开自己职场晋升的通道。

在人才辈出的现代职场，才能虽然是叱咤职场不可缺少的条件之一，但是并非是完全且充分条件。相比起那些恃才傲物的人，上司显然更希望自己的下属能够脚踏实地地做事，坚持不懈地努力。当你想得比上司更周到，也把那些细致入微的小事做到极致时，你就会发现上司渐渐开始对你刮目相看，更加信任和赏识你。这就是职场中不是捷径的捷径。

盈盈就读的大学名不见经传，大学毕业后，她挤在如潮的名牌大学生中找工作，理所当然地受到了挫折。直到大学毕业后三个月，盈盈还没有找到合适的工作。后来，还是在合租室友的介绍下，她才进入一家咖啡店当销售员。

盈盈刚刚进入咖啡店，压力非常大。由于每个人都各司其职，所以根本没人耐心地教盈盈那些关于咖啡的知识。为了尽快了解种类繁多的咖啡，盈盈有一天居然亲自品尝了二十多杯咖啡，她直接就喝醉了。经历了这个难

熬的阶段后，盈盈终于对咖啡有了一定的了解，工作起来也得心应手一些了。突然，她的小脑袋瓜子里灵光一闪：大学时我曾经在学习之余在淘宝上帮别人代卖东西，如今我怎么就不能开个咖啡的淘宝网店呢？说干就干，盈盈当即向主管提议，没想到，主管是个老迂腐，根本不了解最近才流行的网购。看到主管不支持自己，盈盈只好利用业余时间，自己搜集整理资料，拍摄照片，就这样开起了淘宝网店。没想到开业第一天，盈盈就有了生意。当她从手机上看到顾客要订购咖啡，还说很喜欢她家的咖啡只是因为距离远没法经常买时，盈盈简直喜不自禁。她兴奋地把这个消息告诉主管，主管大为惊讶。就这样，盈盈几乎每天都能卖出去几单咖啡，主管看到她的网店风生水起，也没有耽误正常工作，不由得对她刮目相看。后来，随着盈盈的生意越来越好，主管主动向经理申请，在天猫开了一家咖啡店，就由盈盈负责。伴随着天猫的口碑越来越好，主管还让盈盈招聘两个网店客服，由她负责管理呢！

原本费尽千辛万苦才找到工作的盈盈，因为非常用心，想到了主管不曾想到的细节，最终给自己开辟了职业的新天地。作为全公司第一个开展网络销售的职员，盈盈显然是个大功臣，想必在未来的日子里，她一定会把网店发展得越来越好，她的职业之路也会越来越开阔。

职场上，每个人都想令上司刮目相看。要想真正得到上司的赏识，我们就应该想上司之所想，急上司之所急，再把上司忽略的小细节也全部做到位，这样才能博得上司的认可，个人的职业发展也才能更加顺畅。

把一切工作都在昨天完成，才能笨鸟先飞

作为职场人士，很多人都曾有过被上司追着要工作计划或者工作成果的经历。从这些时候看，上司就像是一个追债的；在给下属布置完工作之后，就盯着每个下属认真完成工作，及时上交工作成果。被上司追债的人都觉得自己痛苦，殊不知上司天天讨债更痛苦。如果我们能有机会听听上司的

心声，一定会发现上司最迫切的愿望就是希望每个员工都能把工作完成在昨天，都能主动上交工作成果，而不必等着上司讨要。

早在小学阶段，我们就熟读了明日歌：明日复明日，明日何其多；我生待明日，万事成蹉跎。即便如此，我们却并没有学会凡事都在今日完成，甚至提前到昨日完成。尤其是在职场上，如果作为下属能够在上司追要工作成果之前，就主动上交，那么一定能够得到上司的喜爱和欣赏。人们常说，笨鸟先飞。既然我们没有独特的天赋，也没有特殊的才能，要想领先他人一步，就只能笨鸟先飞，抢先一步。很多职场人士之所以每天都在瞎混日子，虽然入职很长时间，但是工作却毫无起色，就是因为他们陷入了拖延症的纠缠，明明当下就可以开始或者完成的事情，非要拖到明天，然后再拖到明天的明天。如此一步步落后于人，工作的正常进度都无法实现，又怎么领先一步呢！不管从哪个角度来说，拖延都是一种不好的工作习惯。其实，每个人在工作中都曾经因为各种各样的原因，拖延过工作。只要不是习惯性拖延，当因为生活有紧急情况需要处理，或者突发急事时，偶尔拖延无可厚非，只要记得在事情得以缓解后马上弥补即可。习惯性拖延则不同，工作被无限期地拖延下去，你一次又一次地告诉领导"明天交作业"，日久天长，最终的结果一定如同寒号鸟一样悲惨。这样的结局，是谁都不想看到的。

在同期进入这家金融公司实习的人中，丝丝是基础比较差的一个。她上学的时候成绩就一般，如今进入实践操作阶段，则更加抓瞎。面对着主管每日咄咄逼人的工作计划和安排，丝丝简直有种透不过气来的感觉。每次看到主管，她都觉得很心虚，生怕自己不能让主管满意。后来，在得知同期的六个实习生只能留下两个正式聘用之后，丝丝更加紧张了。

有段时间，因为工作的巨大压力，丝丝患上了失眠的毛病。原本贪睡的她，每天都到凌晨才能入睡，只睡几个小时。后来，在心理医生的建议下，丝丝失眠的时候不再强迫自己入睡，而是起来提前完成第二天的部分工作。如此把睡眠问题抛到脑后之后，丝丝的精神反而放松下来，也因为提前完成了第二天的部分工作，因而心安理得，渐渐地又回到安然入睡的状态。这次失眠的折磨，让丝丝有了一个重大的发现，即工作也像学习一样，如果能够提前预习第二天的课程，第二天上课时就会觉得异常轻松。尝到甜头的丝丝，养成了未雨绸缪的好习惯，每天晚上都抽出一段时间提前完成次日的部分工作，或者做一些必要的工作准备。如此一个多月下来，丝丝居然从刚刚进入公司时的落后状态，一下子赶超上来，成为六个实习生中的佼佼者。眼看着自己留在公司的希望越来越大，丝丝工作的积极性更高了。三个月试用期到了，丝丝如愿以偿地留在公司，并且得到了主管的极高评价。

在这个事例中，丝丝从开始的落后，因为工作压力而频繁失眠，到后来的先进，每天都提前完成第二天的部分工作，最终找到了最适合自己的工作方法，真正做到了笨鸟先飞。生活和工作，都循着它们既定的轨迹往前运转。不管我们是否能够与其协调一致，它们都不会有丝毫改变。既然如此，我们只能尽量调整自己的节奏，努力跟上工作。当觉得力不从心时，可以笨鸟先飞，给自己占据一定的先机，从而扭转局势，帮助自己轻松地跟上工作的节奏。

绝大多数情况下，拖延对解决问题毫无好处。相反，一味的拖延会导致问题越积累越多，最终由量变引起质变，导致我们无法招架。很多朋友都曾有过堆雪人的经历，那么一定记得滚雪球的情形。拖延就是滚雪球，最终把一个小小的雪球滚成了大大的雪球，然而结果只能由我们自己承担。每个人从一出生开始，注定要成为社会的一员。只有调整好自己的心态和步履，才能更加轻松愉悦地生活和工作。

工作不是简单重复，要有独特见解和创造性

在职场上，很多身为下属的人，都觉得只有上司才能成全自己。因此，他们挖空心思地讨上司的欢心，非常努力地工作以博得上司的认可，甚至还与上司套近乎拉关系，总而言之，他们都是为了得到上司的提拔。的确，职场上通常的情况下，上司很容易就能提拔和成就下属。然而，大多数人都不知道的是，下属也能成就上司。试想，假如你的上司很平庸，因为各种机缘

巧合，所以能够有幸带领你所属的团队。这时，如果你是一个非常有远见也很有创造性的人，你总是不安分，努力想出新的办法振奋团队，这就是对上司的成就。还有一种情况，你非常优秀，从人群中脱颖而出，很快就在工作上有所创新，为公司创造了巨大的利润。在这种情况下，你也成就了上司。因为有你的存在，上司原本平庸的团队不再平庸。不管你做出多么伟大的成就，他作为你的顶头上司，都一定有不可磨灭的功劳。随着你的成长，上司也水涨船高。从这个意义上来说，上司与下属，只是工作的角色分工不同，实际上是相互成就的关系。

那么，即使你只是个名不见经传的小职员，对工作也应该有自己的想法和创建。当你安于本分，你的上司也会碌碌无为。当你不再把工作当成是简单的重复，而是殚精竭虑地想出好主意来处理工作，你就获得了工作的成功。与此同时，当上司因为你的崛起而备受瞩目时，他也一定会更加认可和感激你。

马云进入这家公司，投在张主管的管辖之下从事销售工作时，张主管非常平庸。一则，张主管本人能力平平，二则张主管所带领的团队成员都很普通，没有一个人有过人之才。但自从马云加入之后，一切都变了。马云是个农村孩子，大学毕业后就留在了这个陌生的城市。为了能够尽早出人头地，把还在家乡过着贫苦生活的父母都接到大都市来，马云很有一股子闯劲和拼劲。他虽然刚刚大学毕业，但是工作的动力非常强。每天，他比那些有家庭负累的人更早地来到公司，晚上下班也比大家都晚很多。白天正午时分，灼热的太阳当空悬挂，他却独自出去拜访客户，一直到傍晚才回来。然而，对于刚入职的新人而言，在没有资源的情况下，要想在短期内看到成效实在是太难了。

马云思来想去，自己到档案室找了好几年前的客户资料，一一对他们进行回访。虽然主管对马云的做法不以为然，但是并没有阻止马云。就这样，马云白天开拓新客户，晚上就回访老客户。很多时候，办公室都只剩下马云一个人。就这样夜以继日地努力着，马云居然在一个月之后从老客户中挖掘出一个新客户，这就是销售行业中典型的老带新。看到马云工作得卓有成效，主管很高心地表扬了他。看到自己的努力换来了更高的薪水，马云劲头更足了。两个月过去，很多同事都说马云是可造之材。果然，经过积累和沉淀的马云，在第三个月接连签约好几单，连老板都知道了他的大名，将他作为新秀在全公司展开学习。当然，这件事情给张主管带来的荣誉是无限的，因为老板在表扬马云时，数次提到张主管带兵有方，还让中层领导都向张主管学习呢！就这样，张主管整个团队在马云的带动下，业绩越做越好。后来，老板想要提拔一名副总，自然而然地想到了张主管。就这样，张主管荣升副总，马云成为团队的马主管。

在这个事例中，马云的加入无疑成就了张主管。如果团队始终死气沉沉，业绩不见起色，张主管是无论如何也不可能得到机会晋升为副总的。由此可见，下属既需要上司的提拔才能得到晋升机会，上司也需要下属的鼎力相助才能成就他广阔的职业发展空间。

上司和下属的关系，就像是水和舟的关系，相辅相成，缺一不可。明智的下属一定会用心工作，因为在他以出色的工作表现成就上司的同时，不但给了上司上升的渠道，也给了自己更大的发展空间。

职责范围内的事，不喜欢也一定要做好

很多职员在工作的时候挑肥拣瘦，或者觉得这份工作好就很高兴地完成，或者觉得那份工作行之不易，就恨不得一下子将其推给其他人。即使无法推掉，也会心怀抵触，敷衍了事。这么做，除了让上司觉得你的工作能力有问题，不足以担当大任之外，还会有什么好处呢？工作之所以能够长久地吸引着我们为之投入和努力，除了关系到我们的生活之外，还因为它是一个持续挑战的过程。在学校里，我们不断地学习新的知识，接受考核。在步入工作岗位之后，我们的职责也并非一成不变的，而是会根据现实的情况不断调整。正是在这样的过程中，我们通过改变或者督促自己进步，以适应不同的工作，进而提升自己的能力，丰富自己的经验。这样的职员，往往是成长

最快速的员工。

的确，能够做自己喜欢的事情是一种幸福，每个人都希望从事自己兴趣所在的行业。遗憾的是，现实生活中有多少人做的是自己喜欢的事情呢？但是，他们之中依然有一部分人做得非常出色。要想成为职场上真正的能手，让人心生敬佩，就是能把喜欢的工作做到极致，对于厌烦的工作也能尽量做到最好。生活总是不尽如人意，工作也是如此。要想让自己有长足的发展，我们就必须成为职场上的全能手。毕竟，饭菜不可能永远可口，工作更不可能任由我们挑选自己喜欢的做。否则，职场就会成为一锅粥，总有些工作有无数人抢着做，也总有些工作根本没人感兴趣。军人们说服从命令是军人的天职，职场虽然不是军营，也依然需要每一位职员服从工作的安排，这样才能全盘有序地推进。

丽萍在上海某出版社工作，是一名非常优秀的编辑。她策划的选题不但在市场上很受欢迎，而且她负责完成的书稿质量也是无可挑剔。在进入该出版社几年之后，丽萍已经成为编辑部资深编辑，主要负责协调书稿和出版的各个环节。后来，该出版社的发行量日渐下滑，原发行部主任因为工作失职，引咎辞职。情急之下，社长找不到合适的人担任发行部主任，就想到丽萍熟悉图书生产的各个环节，因而建议让丽萍担任发行部主任。

对于这个突如其来的任命，丽萍并不觉得高兴。首先，编辑和发行部的工作侧重点还是有很大不同的，丽萍很喜欢和文字打交道，却不太喜欢和形形色色的人打交道。然而，社长是急需发行部主任，因而丽萍只好勉为其难。走马上任后，丽萍依然对发行部的工作不感兴趣，始终提不起全部精神来工作。结果，她的工作毫无进展，三个月之后，社长只好再另行聘请发行部主任。其实，很多同事都抢着得到这个晋升的机会，但是丽萍始终别不过劲来，无法全心投入工作。在丽萍回到编辑部之前，社长还苦口婆心地劝她："小杨，这可是个千载难逢的好机会啊。你要知道，正常情况下，一个编辑至少要工作十几年，才有资格竞聘这个职位。"丽萍毫不可惜，决绝地回到编辑部。后来，她虽然工作一直很出色，但是始终是个资深编辑，与主任无缘。

当一个员工因为畏惧新的工作领域而选择弃枪逃跑，领导即使再怎么体谅他，也终究会对他的工作能力产生一定的怀疑。就像丽萍，原本是由编辑转型管理的极好机会，就这样放弃了。领导自然觉得她只适合埋头做编辑，在遇到其他的转型和晋升机会时，也不会再给她。这就是不可估量的损失。

职场上，我们根本无法挑肥拣瘦，很多工作如果不是专业的隔阂，只能学着去适应。在学习的过程中，我们也能够得到很大的成长，直至渐渐成熟，成为所处行业的全能手。待到那个时候，你自然有资本选择自己喜欢的工作，因为你不管做什么都很出色。

全力以赴帮你打拼，量力而行助你成功

任何事情，都不能保证绝对会成功，当然也不会注定失败。任何事情都有两面性，既有可能占据天时地利人和而失败，也有可能以渺茫的1%的可能性扭转局面，反败为胜。我们常常说人生是变幻莫测的，就是这个道理。职场上也是如此，虽然职场生涯比起日常生活更加理性，但是依然存在许多不可控的变数。例如一个项目明明就差最后一步即能获得成功，却最终因为一个小数点的误差导致功亏一篑。也有些特别有韧性的人，除非到了最后一刻，否则坚决不放弃，反而就守得云开见月明。总而言之，我们必须尽人力，全力以赴，才能坦然面对这一切可能出现的结果。

所谓全力以赴，顾名思义是不遗余力的意思。在工作上，只有全力以赴的人，才能把工作做到自己的最高水平。但是，全力以赴与量力而行并不矛盾。很多时候，初入职场的人会有一种冲动，觉得自己只要满怀激情、全心投入，就是无所不能的。其实，这是大错特错的。每个人都有自己擅长的领域，也有自己能力所不及的地方。尤其是在上司面前主动请缨时，千万不要因为一时冲动就承担超出自己的能力范围的过于重大的责任。虽然努力很重要，但是客观的能力和天赋，也在一定程度上决定着我们的成败。如果因为好心主动承担艰巨的任务，最终又因为能力不及，导致任务失败，甚至贻

误了最佳的工作时机，非但不能在上司面前表现自己，反而还会因此给上司留下不自量力的印象。等到下次你再想要为自己争取时，上司也许就心有余悸了。如此想来，不自量力的行为虽然当时看似悲壮，最终却会导致后患无穷。只有在量力而行的原则指导下，向上司申请工作任务，然后再全力以赴地完成任务，这才是明智之举。

在公司里，杜威向来有"拼命三郎"的外号。这个外号多多少少带着一些讽刺的意味，都是因为半年前的那件事情而起。

半年前，公司承接了一个难度比较大的项目。当时，进入公司两年多的杜威，很想找机会证实自己的能力。为此，当上司把这个项目在会议上公布出来时，很多老员工都不愿意承担。这时，杜威看到上司为难的样子，义无反顾地说："上司，这个项目就交给我吧，我保证完成任务。"上司略有迟疑，问："你能行吗？这个项目难度挺大的。"杜威拍拍胸脯保证："放心吧，我一定圆满完成任务。"当时，上司的确挺感动杜威的拔刀相助。然而，在项目推进一个多月之后，上司觉得情况有些不妙。他看到杜威上交的工作汇报进展缓慢，因而问杜威是否需要支援。杜威依然慷慨陈词，直到三个月过去，上司才发现杜威完全把项目搞砸了。这时，距离半年的工期只剩下三个月，上司非常被动，因而生气地说："杜威啊杜威，你可真是嘴上没毛，办事不牢啊！你能力不足也就罢了，却还拍着胸脯跟我保证完成任务。现在好了，还有三个月就要交活了，你简直害死我了。"当晚上司就强制几个老职员组成突击小组，尽量挽回被杜威搞砸的项目。小组里的三名成员，再加上上司，全都夜以继日，废寝忘食，每个人都瘦了一圈，才在约定期限之前完成了项目。自此之后，大家都称呼杜威为"拼命三郎"。上司呢，再也不敢把重要的项目交给杜威了。

在这个事例中，杜威全力以赴的精神值得赞许，但是他却犯了一个错误，即没有正确地衡量自己的能力。如果不自量力地全力以赴，就一定会把事情搞砸，甚至导致事情糟糕到无法弥补的地步。真正的全力以赴，首先应该建立在量力而行的基础上，这样我们才能在自己的能力范围内，最大限度地做到全力以赴。

职场上，很多情况下都以成败论英雄。在主动请缨之前，我们一定要准确衡量自己的能力，继而才能全力以赴地完成工作任务，得到上司的认可和赏识，也为自己的职业生涯拓宽道路。

高效率工作，实现职业生涯的可持续发展

在现实生活中，大多数职场人士都希望自己能够获得长足的发展，让自己的人生也随着职场的顺遂扬帆启航。遗憾的是，虽然他们非常努力地工作，但却始终不能如愿以偿。这到底是为什么呢？原因就在于，他们虽然努力工作，最终也圆满完成了上司交代的任务，但是却没有做到高效率地完成工作，因而也就无法让上司看到他们的潜力，最终无法实现可持续发展。

何为高效率工作？职场中非常常见的现象是，有些职员为人踏实，勤勤恳恳，真的就像是老黄牛一样。虽然最终他们能够完成工作，但是却耗费很长时间，也耗费很多精力。由此一来，他们根本无力承担更多的工作，也没有能力完成更加艰巨的任务。这样的人，可以作为公司的中坚力量，却无法成为公司的带头力量，更无法成为公司发展的急先锋。对于这些人而言，要想为自己的职业生涯争取更多的发展机会，就要更加努力地提升自己。就像学生学习一样，有些人轻轻松松地就能完成学习任务，一点儿也不耽误玩耍和休闲娱乐。相比之下，有些人则总是学习很努力，也很尽力，然而却不能做到学有余力。职场也是同样的道理和状况。

还有一种情况是，很多职场人士为人踏实，对于上司安排的工作，一定会把质量放在第一位，甚至一味地盯着质量，而忽略了速度和效率。在这种情况下，工作质量当然很重要，不过工作效率也同样是领导所看重的。只有做得又快又好，上司才能充分见识你超强的工作能力，并且下次还会赋予你更加重要的责任。

在第二次世界大战期间，英国被德国强行攻占。当时，作为富甲一方的商人，艾伦的两个儿子都被抓进了德国的集中营，受尽折磨，生命危在旦

夕。当得知艾伦很有钱时，德国人狮子大开口，告诉艾伦只要交出赎金，就可以放回他的儿子。艾伦想尽办法四处筹钱，即便变卖了所有的家产，借遍了所有的朋友，最终只凑够了救回一个儿子的钱。到底救哪个儿子呢？艾伦犹豫不决。大儿子非常聪明，思维敏捷，二儿子懂事乖巧，总是顺从和孝顺父母。思来想去，艾伦觉得哪个儿子都不能放弃。为此，他继续四处借钱，奢望一起救出两个儿子。

直到五天之后，艾伦才又借到了一笔钱，这钱是他卖掉了仅剩的住宅换取的。然而，当他拿着钱赶到集中营，想要赎回两个儿子时，却被告知他们的儿子已经因为患病，于清晨去世了。此时此刻，艾伦懊悔不已。他想：如果我能够在刚刚筹到钱时，就先救出一个儿子，那么至少还能保住一个儿子。

在这个事例中，作为父亲，儿子在他的心中，不管手心手背都是肉。因此，他很难下决定到底先救哪个儿子，是很正常的。然而，即便心里痛苦纠结，在当时那种情况下，也必须当机立断。遗憾的是，艾伦没有及时救出儿子，反而继续筹钱，最终贻误了时机，导致两个儿子都因为受尽折磨而离世。

虽然这只是一个战争中的事例，但是对于现代职场也是很有参考性的。要知道，不管什么事情，除了要讲究质量和最终的结果之外，也要重视效率。只有在高效率的情况下，圆满地完成工作，我们才能给上司留下良好的印象。否则，不管你侧重于哪一方面，都难以让上司对你的工作结果表示满意，也很难让上司发自内心地赏识你。从我们自身的角度来说，如果为一项工作耗费漫长的时间和巨大的精力，则很难让自己工作之余还有能力谋求发展，最终也必然导致工作上陷入死胡同，难以突破。从现在开始，假如我们要想高效率地完成工作，获得广阔的职业发展空间，那么就赶快提升自己的能力，尽量在保证质量的情况下，迅速顺利地完成工作吧！

精确的数据，让上司对你的用心刮目相看

很多人在向上司汇报工作时，或者是因为心虚，或者是因为紧张，总是含糊其词，不能做到精确到位。殊不知，在你支支吾吾不知道如何汇报工作时，上司就已经对你的工作结果有了一定的预见。上司面对一个含糊其词地汇报工作的下属，一定会想：这家伙，肯定没有按照我的要求完成工作，结果也不尽如人意，所以才会紧张害怕得磕磕巴巴。在这种情况下，即使你的汇报还说得过去，上司也会因为先入为主的成见，对你的汇报不尽满意。

在向上司汇报工作时，我们除了要端正态度，放松心情，做到坦然大方、底气十足之外，还应该尽量用数据说话。很多情况下，含糊其词地汇报根本无法让上司对你的工作进展有详尽的了解，相反，只有使用数据，才会让上司对你的工作有准确到位的了解。例如，你是一名销售人员，如果你在汇报工作时告诉上司你最近一直非常努力，每天都拜访新客户，还给老客户打电话进行回访，那么上司无从判断你的工作量。假如你换一种方式，告诉上司你今天拜访了三个新客户，还对二十个老客户进行了电话回访，并且在商场门口拓展客户两个小时，那么上司自然对你一天的工作了然于心。这就是数据的独特魅力和超强的说服力。正因为如此，如今很多工作方式和时间都很灵活的销售工作，上司都要求下属在汇报工作时，提供详细的工作量化。这个工作量化的详细之处，恰恰就是体现在这些准确无误的数据上。一个对工作极度认真负责，并且抓住工作时间的每一分每一秒尽量提高工作效率的人，一定会对自己一天的工作作出数据的要求和总结。倘若假以时日，必然在工作上取得突飞猛进的进步。

张姐今年36岁了，在这个负责二手房销售的年轻团队里，她是年纪最大的。为此，刚开始时，她的上司还怀疑她的工作能力，担心她给团队拖后腿。不想，张姐的工作状态非常好。刚刚入职三天，在熟悉附近的楼盘和地理环境之后，她就开始全新投入工作。张姐给自己制订了严格的工作计划，每天打多少个电话，拓展几个新客户，面见几个老客户，在网络上推广多少次，她都提前一天写在工作日志上。等到第二天逐项完成工作时，她每完成

一项，就划掉一项，工作日志上的项目不全部完成，她肯定不会下班。当然，在下班之前，张姐也没忘记第二天的工作，她一定会写完第二天的工作计划。

正因为张姐每天白天的工作时间都非常充实，因此她虽然晚上为了照顾孩子会提前下班，但是她刚刚工作半个多月，就成功签单。后来，她不断遵循自己的工作方法，每天都严格量化，高标准严要求，为此，她很快就接连签单，成为了全部门最优秀的销售人员。在分享经验时，上司对着全部门的员工介绍张姐："同事们，你们都应该向张姐学习。很多同事说张姐下班太早，我想说，假如你们上班时间像张姐一样勤奋努力，不浪费一分一秒，严格完成工作计划，你们也可以提前下班。我手里拿的是张姐入职一个多月以来的工作数据，你们可以扪心自问，你们做到这样了吗？如果你们也做到了，你们既可以早下班，还可以拿高工资。"说完，上司把张姐的当月工作量化表发给每位同事看。看到这份量化表，同事们全都沉默不语了。张姐每天的工作量，都相当于他们一周的工作量。上司继续说道："从今天开始，我希望每个人都能交给我这样一份工作量化表，更希望每个人都向张姐学习。"

在这个事例中，作为单位里的大姐，张姐既要照顾家庭和孩子，又要和这些单身的年轻人一样奋力打拼，所以上司最初才会担心张姐不能做到全力以赴。幸好，张姐努力做到了最优秀，而且还在提早下班的情况下超额完成工作量。如果你们也是从事销售工作的，那么你们不妨问问自己，你每天都严格要求自己完成工作量化了吗？只有从现在开始努力完成工作量化，交给上司一份让其满意的精确数据的量化表，你才能在职业发展上更上一层楼。

从现在开始，让我们努力吧！

第05章

懂点规矩，别犯了汇报中常见的错误

　　虽然汇报工作应该积极主动，而且大多数上司也都很欢迎下属汇报工作，但是汇报工作依然需要注意很多事项。否则，汇报工作就会起到事与愿违的效果，让你的职业生涯受到阻碍。那么，汇报工作有哪些注意事项呢？诸如不能越级汇报，不能自我吹嘘，还要保证汇报工作重点突出等，这些都是汇报工作的注意事项。唯有做好每一个细节，我们的职业生涯才会更加顺达。

除非事态严重，否则切勿越级汇报

在职场上，越级汇报历来是大忌。为什么呢？当我们的顶头上司无法圆满地解决问题时，我们难道就不能向再上一级反映情况吗？当然，如果事情的确非常急迫，且关系到整个公司的利益，在万不得已的情况下，你的确可以这么做。但是，在大多数情况下，你都不能这么做。这是因为，越级汇报是把你和上司摆在老总面前，逼着老总权衡利弊做出选择。毫无疑问，每个人都不是神，即使是上司，也依然会存在一定的主观性。老总很清楚这一点，所以他只能要求上司尽量客观公正地处理问题，却不能强求上司做到绝对公平。基于这一点，他也会尽量体谅上司，而在你和上司之间，他几乎会不假思索地选择了保全上司。要知道，每个老总培养出一个能够独当一面的部门负责人或者副手，都需要漫长的时间，付出很大的心力。因而，面对人无完人的人性特点，老总不会过于苛求上司。因此，除非你觉得你在老总心目中的分量足以抵得过你的上司，否则你千万不要轻易逼迫老总在你们之间做出选择。不然，你就会陷入被动的局面，把自己从有理变得没理，甚至还会因此而失去工作的机会。

在职场中，越级汇报就像是雷区，一旦踩中，就会把人炸得粉身碎骨。很多人天生就喜欢打小报告，总觉得自己越级汇报一定能博得老总的赏识。这就像是在背后说人坏话一样，一个明智的人在听他人背后说人坏事时，一定会对说话的这个人产生恶劣的印象，尤其是这个人说的还是他顶头上司的坏话。面对这样一个能力不如人，还想让老总偏向于他的人，老总怎么会有好印象呢？在管理阶层的人心中，他们彼此之间惺惺相惜，因此对于越级汇报的人也都有着一定的同仇敌忾心理。作为下属，无论你处于何种目的，越级汇报显然都不应该轻易为之。

在销售行业，同事之间为了争夺业绩产生纠纷，是很常见的事情。为此，作为上司，李海涛是很头疼的。几乎每隔几天，他都会因为下属之间的矛盾充当调解员的角色。正如今天，小米和艾艾因为争抢一个客户，彼此之间怒目相向，甚至还直接吵了起来。经过一番了解，海涛得知她们是从不同的渠道几乎同时得到了这个客户，又差不多在同一时间联系客户，将其约到公司里来。可笑的是，这个客户也是非常粗心，来到门店之后，才发现小米和艾艾是一家的。为此，谁来维持和成交这个客户，就成了引发小米和艾艾之间战争的导火索。

小米和艾艾，都是海涛的大将。小米非常聪明，总是思维敏捷，口才特别好。艾艾呢，勤奋踏实，虽然不像小米那样灵活，但是非常用功，是不可多得的栋梁之才。为此，海涛建议她们俩合作一次，一起来维持和成交这个客户。这时，小米不乐意了。她噘着嘴巴说："李主管，这个客户是我先从网络上得来的，而且我约到店里的时间也比艾艾早一个小时。这也就是艾艾和我一个办公室，如果我们分属于两个公司，这个客户还有她什么事啊！"海涛赶紧和稀泥，说："是的呢，小米是很能干的。要是艾艾是其他公司的，我现在也不用协调你们之间的矛盾了啊！我觉得，大家都是同事，为了这么个小小的客户争得撕破脸皮没意思，你们一起成交这个客户就最好。"小米还是很不服气，觉得不公平，因此以"工作缺乏秩序"为由，给老总写了一封邮件。

小米想得很天真，以为老总一定会主持正义。不想，老总在看完邮件之后，又把邮件转回给海涛处理。当然，老总也没忘记给小米回信：团结重要。就这样，小米无形中不但给老总留下了私心太重、不能与同事友好相处的坏印象，也得罪了海涛。后来没几个月，小米就因为工作中处处碰壁，主动辞职了。

事例中的小米，如果能够做到宽容大度，和艾艾一起成交这个客户，那么作为上司的海涛当然知道小米的业务能力更胜一筹，人品也很不错。然

而，这封冲动之下写的邮件，却葬送了小米的职业前途。她非但没能改变事情的结局，还给各级领导都留下了恶劣的印象，可谓得不偿失。

越级汇报的人，首先一定是不够尊重自己的上司，也会因此给老总留下负面印象。很多职场上的专家都奉劝大家，千万不要越级汇报，尤其是不要以写邮件的书面形式进行越级汇报。很多时候，口头上的泄露可以看作无心，但是越级汇报却让人觉得你是有预谋的作为。实际上，谁没有在职场上受到过委屈呢？小小的委屈，恰恰是激励我们前进的动力。与其为了争一口气失去工作的机会，不如把眼光放得长远些，多看看未来。

男上司女下属，异性之间最好保持距离

现代社会的生活模式，让男女同事之间每天朝夕相处至少8个小时，如果遇到加班的情况，时间甚至会超过10个小时。但是夫妻之间呢，因为每天都各自忙于工作，除了夜晚入睡的时间，每天也就相处有限的几个小时。由此可见，男女同事之间往往比夫妻之间相处时间更长。为此，作为现代职场的一员，不管我们是男性还是女性，都应该努力地把握好异性之间交往的尺度，避免节外生枝。

在现代的生存模式下，越来越多的职场人士变得充满智慧。尤其是曾经因为生理原因导致在职场上处于弱势群体的女性朋友，更加倾向于中性打扮。首先，她们在服饰上更喜欢选择中性服装，而不会随便穿女人味十足或者过于暴露的衣服。其次，在与其他同事相处的过程中，她们也更加男性化，不再扭扭捏捏，而是变得和男性一样大大咧咧，尽量让自己的线条粗一些。最后，在和男性同事需要频繁接触时，她们也会有意地保持适当的距离，以免引发误会。总而言之，现代职场上越来越多的女性朋友走中性化道路。与此同时，有些男士也因为工作的特殊性，变得更加倾向于女性化。例如，小艾是一家内衣工作的设计师，专门负责为女性朋友设计文胸。因为职业的特殊性，小艾平日里常常需要和女模特打交道，他工作的公司也大多数

都是女性员工。在这样的环境下，小艾不得不让自己女性化一些，尽量细腻温柔，以便更好地与女同事、女客户打交道。时间长了，女同事们也把小艾当成女性朋友那样，随意相处。其实，对于每个人的职业发展而言，性别既有可能变成优势，也有可能变成劣势。只有我们处处留心，尽量淡化自己的性别，才能与他人在职场上平等地竞争，不落后于人。聪明的职场人士，懂得扬长避短的道理，会吸取异性的职业优势，并且与异性之间展开更密切的配合，从而帮助自己的职业生涯获得更好的发展。

毛毛在一家广告公司工作，从属于设计部门。不知道设计部门是偶然还是必然，居然十名成员里，只有毛毛一个是女性。整日在男性的世界里生活，毛毛刚开始时觉得很别扭。然而，这份工作得来不易，她又舍不得放弃。不得已，她只好努力学着适应。尤其是毛毛的上司，也是一名男性，而且随随便便。大概是因为搞设计的人总是需要灵感和创意吧，所以这帮大老爷们经常结伴去酒吧。毛毛如果不去，就不知道他们在休闲之余聊到的与工作有关的消息。如果去呢，又因为他们喝多了酒胡言乱语而感到尴尬。在这样进退两难的境地里，毛毛如坐针毡。

有一次，毛毛去向上司汇报设计方案。当天，毛毛穿了一件低领毛衣，一低头，就酥胸半露。毛毛在和上司交流的过程中，突然发现上司的眼光正投向她的胸部，不由得羞红了脸，匆忙汇报完就赶紧逃之夭夭了。当然，毛毛的上司并非是大家想象中的色狼，但是毛毛穿着那么低领的衣服，的确是有诱惑的嫌疑。在意识到这一点后，毛毛开始改变着装风格。她原本非常讨厌穿西服，不过这天下班之后就去买了两身女士西服，准备每天上班都穿职业套装。在和办公室里的这帮老少爷们交流时，毛毛也不再动不动就脸红了。她不断地暗示自己：我也是男士，我也是男士。尤其是在和上司汇报工作时，她也不再像以前一样动不动就脸红，而是练就得落落大方，不卑不亢。就这样，毛毛渐渐把握好和男同事、男上司之间的距离，再也不会无端脸红，更不会因为这些事情而烦恼了。自此之后，她的工作也越来越顺利。

在这个事例中，作为办公室里唯一的女性，毛毛的确会存在很多不便。不过，幸好她及时发现问题，尽量把自己调整成"中性人"，这样一来，就

避免了很多尴尬的出现。上司呢，在面对毛毛的时候，也不会再受到无意的诱惑，这样一来，整个办公室的工作氛围都更加协调了。

在现代职场上，不管是男性还是女性，都需要尽快适应自己的工作。和前几年很多工作招聘启事中注明不要女性相比，现代公司招聘时，很少再如此明显地歧视女性。然而，女性在得到工作机会后，依然会面临很多挑战。只有调整好自己的心态，让自己努力地成为一名合格的职业人，我们的职业旅途才会更加一帆风顺。

高调做事低调做人，汇报时不要自我吹嘘

很多职场人士都特别喜欢汇报工作，因为他们把汇报工作当成是为自己邀功请赏、自我吹嘘的机会。其实，真正聪明的职场人士，不会借助于汇报工做的机会自我吹嘘。归根结底，领导之所以是领导，并非因为他是个门外汉，而是因为他有着自己独特的过人之处，甚至在工作能力和专业方面，都是非常出色的。为此，如果你在执行领导交代的任务时大题小做，敷衍了事，而在汇报的时候把这项任务小题大做，夸大自己的功劳，那么领导一定会看穿你的伎俩。

对于领导分派的每一个任务，我们都应该竭尽全力地做好。当你以小题大作的态度认真完成工作，即使你不说什么，领导在看到你的工作成果之后，也会非常认可你，对你的工作态度和工作能力都采取赞赏的态度。相反，假如你在做工作的时候不认真，却在汇报工作时，拿着不够尽善尽美的结果，在领导面前大肆吹嘘自己是花费了漫长的时间，投入了巨大的精力，才完成了工作，那么领导怎么会对你刮目相看呢？即使刮目相看，也是记住你为人自高自大，好高骛远，这样的结果，显然对我们的职业发展没有任何好处。总而言之，在汇报工作时，我们应该坚持高调做事低调做人的原则，千万不要在领导面前自我吹嘘。领导在分派任务时，一定对任务的难度进行了权衡。在看到你的工作成果的那一刻，即使你不说什么，他也会对你有正

确的衡量。既然如此，我们还有什么必要做画蛇添足的事情呢！当然，如果在完成工作的过程中做出了特别的努力，或者遇到了意想不到的困难，你可以以请教的态度与领导交流，这样领导当然会对你处理问题的能力刮目相看。

张民进入公司半年多了，前段时间才开始独立负责项目。这个项目很简单，领导把这个项目交给张民单独负责，就是为了锻炼他。在经过一个月完成项目后，张民准备了各种报表，来向领导进行汇报。不想，张民的汇报让领导大跌眼镜。

张民选择了周一的上午向领导汇报工作，原本领导非常忙碌，不过一想张民负责的是个小项目，因而准备挤出5分钟时间听取张民的汇报。但是，张民打开报表就开始滔滔不绝："张主管，这个项目的难度前所未有。首先，这个项目需要至少三个人来合作完成，不过我只有一个人。我几乎一个月中每天晚上都在加班，才弥补了人力的不足。其次，这个项目的甲方特别难缠，是个很难说话的女强人。在她的咄咄逼人之下，我忍了无数次，才没有和她发生冲突。幸亏你派我这个好脾气且有耐心的人去与她交涉，不然项目只能因为她的难缠半途而废了。我想，你就是伯乐啊！最后，我还为项目节省了大量的开支，很多时候，我都是坐公交车去工地查看的。你要是不相信，可以看看我的报表，在这一个月的时间里，我所有的行程安排、陪着甲方吃了几次饭、花了多少钱，其中交通费、餐饮费、请客费用，我都是单独列出来的。您都可以看看……"在张民喋喋不休地说了有20分钟还没有停止时，领导终于不耐烦地打断他，说："这个项目非常简单，很多新入职的大学生都能独立完成，而且并没有遇到你这么多的困难。我想，或者是你能力不足，或者是你把简单的问题复杂化了。我认为，你应该写一份工作检讨交上了。而且，你这个项目处理得并不完美。"听了领导的话，张民瞠目结舌。

在这个事例中，领导原本并不准备批评张民，毕竟项目已经完成，结果不算好也不算坏。但是，看到张民借着汇报工作的机会占用他宝贵的工作时间，而且喋喋不休地自我吹嘘，领导实在难以耐心地听下去。为此，领导就说出了最后那样一句话，让张民尴尬不已。

其实，每个领导在分派任务时，一定是对任务的难易和当事人的工作能

力有所考量的。张民在工作做得并不漂亮的情况下，一味地自我吹嘘，换作哪个领导，都不能容忍他。也正是因为这次不合时宜的吹嘘，占用了领导周一宝贵的时间，所以领导对张民印象深刻，在找到合适的机会时，就把张民辞退了。没有领导喜欢吹嘘的人，而且工作还做得不够好。如果你想得到领导的赏识，最好的办法就是高调做事，低调做人，这样才能水到渠成地得到领导的赞赏。

学习的心态，让你成为上司眼中的好学生

作为一名梦想着叱咤职场的白领，你每天最离不开的是什么？也许有些女性朋友回答要带着口红，也许有些男性朋友回答要带着手机或者iPad，有些守时的人要求必须戴着手表，还有些做销售人随时都要拿出名片，还有些人会回答应该带着耳朵和眼睛……这些回答当然都没有错。不过，最佳答案是，我们应该随身带着纸和笔。无论电子产品再怎么发达，也无论你的容貌多么美丽漂亮，你都必须拥有真才实学和马上就干的决心，才能真正地在职场上如鱼得水，游刃有余。

职场是残酷的，它不区别男性和女性，也不区别年纪的长幼或者经验的丰富与否。只要进入职场，你就要完全符合职场的需要，给上司交出最满意的答卷。这就是职场高效工作和激烈竞争的由来。不管你是办公室里的白领，还是在外四处奔波的推销员，抑或你是一名助理，你都应该随身带着纸和笔。尤其是在你面见上司汇报工作时，更离不开纸和笔。

也许有人会说，又不是小学生，带着纸和笔干吗？就算领导有什么安排，用脑子也能记住的啊！人们常说，好记性不如烂笔头，是有道理的。纵使你记性再好，也无法记住所有的工作细节。尤其是在忙乱的时候，你明明觉得自己已经记住了所有必须记住的，却在一转眼之间就将其抛之脑后了，甚至根本没有意识到自己遗忘了什么。如此一来，倘若上司交给你的是紧急而又重要的工作，你一定会有贻误。从上司的角度来说，如果上司在安排工

作时，站在眼前的下属正在认真地记录着具体的要求和细节，那么上司一定会觉得这个下属非常认真，而且做事可靠。相反，如果上司不辞劳苦、认真详尽地安排工作，交代要点，下属却不以为然地连连点头，敷衍了事，那么上司会作何感想呢？不管工作最终的结果如何，上司一定会更加赏识前一个人，最起码上司看到了他认真的态度。相反，对于后者，上司一定心怀疑虑，因为上司喜欢得到下属的尊重。带着纸和笔领命，表达了你对上司的尊重，也表现出你对上司交代的工作足够重视。

和几十年前大学生毕业之后很长时间以内都不需要再学习相比，现在的大学生一毕业就面临着各种淘汰。首先，他们在大学所学的知识已经落伍了，其次，他们面对全然不知的职场还需要学习很多的内容。现代社会知识更新的速度实在太快了，任何一个初入职场的人，和所有拥有丰富的职场经验的人，都需要不断地学习，才能保证自己跟上时代的步伐，不被淘汰。因此，不管是谁，都要保持学习的心态。尤其是下属，更要学会学习上司的优点，借助于上司的经验，帮自己尽量圆满地完成工作。

麦子和叶子一起进入公司实习，她们都是刚刚毕业的大学生，现在又被分在同一个部门工作。因此，她们很快就成为好朋友，每天一起上班，中午一起吃饭，下班也结伴去坐公交车。不过，麦子总觉得主管更喜欢叶子，这不，今天在公司的全体会议上，代表部门上台领奖的就是叶子。为此，麦子很郁闷。

一天，主管让麦子和叶子去她的办公室，说有工作要交代她们。麦子大大咧咧，抬腿就向主管办公室走去。她喊叶子快点儿，叶子让她先走，自己则拿了笔和本子追上去。麦子不以为然地说："叶子，咱们现在不是学生了，又不是老师召见我们去考试，你带着笔和本子干吗呀！"叶子笑着说："嗨，我不是记性不好么，就得靠着烂笔头啊！我怕主管万一有工作交代，我要是记不住再去问来问去的，那就糟糕了。"麦子和叶子说说笑笑地来到主管办公室，主管果然有工作交代。主管交代的这项工作特别琐细，麦子一直瞪着大眼睛听着，叶子呢，则低头飞快地记着。大概有10分钟，主管交代完工作之后，问麦子："麦子，我说的工作内容和要求，你都记住了吗？"

麦子笑着说："记住了，记住了。"主管紧接着又问："那你现在把我刚才说的复述一遍吧。"麦子愣住了，突然间汗流浃背。她磕磕巴巴地说了很长时间，但是依然有很多遗漏。这时，主管说："叶子，你来说吧。"叶子对着自己的笔记，娓娓道来，所讲述的几乎和主管刚才说的分毫不差。主管满意地笑了，说："叶子，你很优秀，好好努力，前途不可限量。"说完，主管又转向麦子，说："麦子，你知道自己差在哪里了吗？你每次虽然思维敏捷，但是不管做什么工作，都无法圆满完成。你想，你连要求都记不清楚，如何能够做好我交代的工作呢？你看看叶子，每次出现在我的面前，必定拿着纸和笔。古人云，勤能补拙，说的就是这个道理。最重要的是，叶子也并不笨，还很灵巧，因此入职几个月，就把你落下了很远的距离。"麦子羞愧得连连点头。

在这个事例中，主管一语中的，为麦子指出了问题所在。如果麦子能够及时反思，改变自己的工作方式，也还是为时未晚。相反，如果她总是固执己见，依然我行我素，则很难追赶上叶子的脚步。如此一来，一起进入公司、起点完全相同的她们，未来的职业生涯将会相差很多。

每个人在职场上都要怀着学习的心态。只有虚心学习，认真对待主管提出的每一项工作要求，我们才有可能更好地完成工作，也才能更快地进步和发展。

汇报不是记流水账，一定要突出重点

还记得小学三年级开始学写作文的情景吗？到了小学三年级，小豆包们都开始学着写作文。然而，我们根本不知道作文该怎么写，因而就从早晨被妈妈喊醒起床开始写起，然后是刷牙、洗脸、吃饭，最后是唱着歌儿上学去。记得老师当时看到我们的作文，总是再三叮嘱：不要记流水账。那个时候，我们还不知道流水账是什么意思，以为这就是作文的本来面貌。随着年级渐渐升高，我们才明白原来写作文要讲究结构，要重点突出，要有开头结尾和中间的主体部分。好不容易大学毕业，我们原本以为不会再因为写文章而烦恼，却发现进入职场，更多写文章的机会在等着我们。工作要有工作计划和工作汇报，年终的时候还要有年终总结，当然这两项只是最基础的，更多的是工作中不期而遇的各种文章和报表。因此，我们恍然大悟：我们必须更加努力地提高自己写文章的能力，才能在工作汇报时不会被上司批评为记流水账。

所谓汇报工作，就是把工作中最重要的信息提炼出来，呈现给上司。然而，很多职场人士却偏偏爱记流水账，删掉那一项工作的介绍都舍不得，又做不到重点突出，最终只得眉毛胡子一把抓，全都一股脑儿地写出来，等着上司自己从其中提炼重点和要点。如果说重点突出的工作汇报对于上司而言是一种收获，那么泛泛而谈的工作汇报则是在给上司增加负担。想想看吧，他在繁忙工作之余，还要像小学生做阅读理解一样费心劳神地看你的工作汇报，如此一来，上司怎么能对你产生好印象呢？

那么，如何写出一篇重点突出的工作汇报呢？首先，工作汇报并非是面面俱到。任何人的工作，总有侧重点，同时上司在关注你的工作时也有重点，因此你可以以点带面或者以线带面，做到条分缕析地汇报工作。其次，我们要了解上司的关注点，挑选上司最急于知道的工作内容，将其汇报给上司知晓。再次，我们还应该突出自己所擅长的工作。归根结底，工作汇报不是要让我们挨批评的，显而易见是要表现自己优秀的一面。最后，工作汇报一定要把工作结果清楚地展示出来。归根结底，上司要你的工作汇报，目的就是了解你工作的成果。如果你稀里糊涂地说了半天，却根本没有告知上司你的工作最终取得了怎样的结果，岂不是毫无意义！明智的职场人士，一定会在这些要点的基础上，写好自己的工作汇报，让其帮助自己给上司留下好印象。

刚刚进入公司的赵伟，目前就是老板的助理。虽然说是助理，但是因为公司的杂事比较多，所以赵伟就像是打游击的队伍一样，老板指到哪里，他就打到哪里。话虽这么说，赵伟却并没有让老板感到非常满意。原来，赵伟每次的工作汇报都含糊其词，对于老板交代的工作，他也并不能一步到位。

今天上午，老板让赵伟去市场上考察一下螃蟹的行情，说是等到中秋节时，要买一些作为礼盒送给客户。赵伟从早晨出门，到下午才回到公司。面对老板的询问，他说："我看到了很多卖螃蟹的，不过，这些螃蟹大小都不一样，价格也相差很多。"老板问："那么，大概有什么规格，都分别是什么价格呢？"赵伟茫然地看着老板，说："我没有详细问。"老板无奈地说："那么你得到的唯一信息就是市场上有很多大小和价格都不一样的螃蟹。这个信息有意义吗？"在老板责怪的目光中，赵伟再次出发去市场。这次，他向老板汇报："老板，小的大概二两左右，价格180元一斤；中等的三四两，价格260元一斤；大的半斤以上，420元一斤。"老板问："如果我们买得多，价格能便宜吗？"赵伟又支支吾吾起来，很久才说："我没有问买得多能不能便宜。"第二天，赵伟依然被老板派出去了解行情，回来之后告诉老板如果买得多，每斤螃蟹大概能便宜三四十元。老板继续问："他们那边有礼盒吗？还是需要我们自己定制礼盒？"当看到赵伟迷茫的眼神，老板终于忍不住发起火来："就问一个螃蟹，你难道是废物吗，都跑了几趟了？我需要的是一个能够自主工作，且能把让我满意的工作汇报交上来的。你现在还没开始处理复杂的事情呢，就这样什么也搞不定，以后怎么办？如果只能我安排一件事，你就干一件事，还无法找到重点，你真的可以离开啦！"

在这个事例中，赵伟每次都回答了老板的问题，但是他显然没有揣摩出老板的心思，根本不知道老板让他去做事的目的。正因为如此，他才会接连跑了好几趟，都没有解决老板想要提问的问题。面对这样的员工，老板难免会抓狂。

在职场上，不管你的职位如何，在面对自己的上司时，都应该多多用心，以便深入了解上司的心理。假如你总是老板安排一件事情，就只盯着那件事情，而不会举一反三，那么工作也就堪忧了。

说话含含糊糊，就别怪上司对你不耐烦

上司问你什么时候可以把文件整理完，你含糊其词地说也许下班前，或

者明天吧。这时，上司一定会给你一个大大的白眼。也许你还会感到委屈，觉得今天下班前和明天，并没有相差多长时间，为何上司不满意呢？如果你是上司，你也一定会对这样的自己不满意的。职场上的很多工作之间都是环环相扣的关系，如果你这边的文件不能确定什么时候做好，那么上司就无法进行下一步的安排。你说，上司该不该冲你翻白眼呢？

职场上，在回答上司的问题时，千万不要随便地使用"也许""可能""大概""应该没问题"类似这些含含糊糊的词语，这些词语都是会让上司抓狂的，当然，你也根本不可能凭借这些词语给上司留下良好的印象。实际上，不管我们面对的是谁，要想提高自己语言的说服力，一定要尽量使用精确的语言，并且要以确凿无疑的语气说出来。例如，作为编辑，当主编问你什么时候可以交稿，你最好说是明天，或者后天，而不要说就这两天。很多细心的人都会发现，未知的等待是最煎熬和折磨人的。如果主编知道你后天交稿，这两天就可以不再想你什么时候交稿。相反，如果你告诉主编就这两天交稿，那么主编这几天就会一直处于等待的状态之中，一定会让他耗尽耐心，等到花儿都谢了。

在初入职场的新人身上，说话含糊其词的现象更为严重。这是因为很多新人都缺乏工作经验，面对初次接触的工作，总是拿不准自己能够做到哪个程度。因而，在上司问起有没有问题时，他们甚至会说不知道啊。不得不说，这样的新人不仅缺乏工作的经验，也缺乏为人处世的经验。如果情商高一些，他们至少应该回答我们一定拼尽全力吧。当然，每个人都有自己说话的方式和行事的风格。从现在开始，就让我们学会直截了当、斩钉截铁地说话吧，很多事情都是事在人为，只要我们拥有必胜的信念，结果怎么也不至于太差。

作为销售团队的主管，琳娜所带领的销售团队业绩始终在全公司名列前茅。对于琳娜，大多数同级别的管理人员，都觉得她并无独特之处，那么她是如何做到让业绩始终稳中有升的呢？转眼之间，又一年过去了，这次，琳娜作为全年度的销售冠军团队代表，上台领奖。主持人看着柔弱娇小的琳娜，问："请问琳娜，你是如何管理团队的呢？这一点，大家从去年想到今

年，你无论如何也得透漏一点秘诀了吧？"主持人话音刚落，场下的同事们全都笑了起来。琳娜也笑了，她说："大家也看到了，不管是身高还是体重，我都非常弱小。我哪里有什么诀窍呢，就是一味地工作吧，没有想那么多。"这时，主持人笑着说："的确，琳娜非常娇小，但是她的体内蕴藏着巨大的能量。下面，我们就让琳娜的大将思思来说说琳娜有何与众不同吧！"

原来，思思是从另外一个销售团队慕名而来的，她非常仰慕琳娜。在来到琳娜的麾下之后，她原本就不错的业绩更是节节攀升，最终成为公司的王牌销冠。思思来到舞台上，对大家说："其实，琳娜总监真的很普通，但是唯独有一点给我感触最深。在我以前的销售生涯中，很多主管在安排一件工作时，都会说你明天上午或者今天下午必须完成。琳娜呢，她会非常明确地说'请你下午3点之前完成'或者'你明天上午之前10点，必须把这份表格做完交给我'。这样安排工作的方式，给我很大的紧迫感，让我丝毫不敢懈怠。同样的道理，在我们汇报工作时，也必须以这样准确清晰的数字进行。如果我说我今天打了几个电话，琳娜一定会马上大发雷霆，我必须告诉她我今天打了9个电话，才能过关。就这样每天都在精确的数据化之中工作，我们的业绩突飞猛进。"

原来，这就是琳娜带领团队的方法。她不允许下属含糊地汇报工作，必须要求下属把工作具体到准确无误的数字。其实，我们不管做什么事情时，都应该采取精确的表述方式。越是含糊其词，就越是让事情陷入混乱的状态。相反，精确的数字能够给人以紧迫感，让人情不自禁地以严谨认真的态度对待那些事情。

在向上司汇报工作时，如果你总是含糊其词，还会让上司觉得你根本就没有认真完成工作，所以才会心虚。精确的数字，永远比含含糊糊地说话具有更强大的说服力，从今天开始，就让我们以数据说话吧！

很多人都觉得汇报工作是一件非常简单的事情，实际上，真正操作起来你就会发现，汇报工作远远没有你想象中的那么简单。也有些人觉得汇报工作是一种形式主义，总是浪费宝贵的时间，却毫无效果，实际上汇报工作是卓有成效的一项工作，值得我们充分重视。既要求缩短汇报工作的时间，又要起到汇报工作的效果，这就要求我们必须简洁明了地汇报工作，才能一举两得，也才能传递给领导更多的讯息。这就是做事和做人，必须同时兼顾，并行不悖。

自我推销是展示工作成果的第一步

作为美国商界的传奇人物，金融大王摩根显然是效率最高的人。他总是能用最短的时间，就把生意谈成。对于摩根的高效率，很多人都觉得不可思议，然而摩根的确做到了。这是为什么呢？摩根对于时间是万分珍惜的，除非是特别重要的客户，他总是把交谈时间控制在5分钟之内。这个原则让很多人都觉得摩根狂妄自大，但是摩根由此有效地提高了时间的利用率，也并没有降低自己的成功签约率。原来，摩根的成功秘诀是，在最短的时间内把自己推销出去。摩根很清楚，要想做成一笔生意，首先要让对方认可他，这样生意才有可能达成。那么，如何才能在最短的时间内把自己推销出去呢？当然是专业，是能力，是自信，是果敢。这一系列的素质，让摩根越来越逼近成功的巅峰。

现代社会，沟通的地位日渐提升，甚至无可取代。任何事情，都必须依靠沟通进行。也可以说，整个社会就是由沟通组成的。每个人生活在这个社会上，都漂浮在语言的海洋里。在与他人交谈的过程中，那些伟大的人们总是马上就能提炼出对自己有用的信息，也会尽快地表达自己的主观意见。正是在不断的信息交换中，我们走向了成功。也因为如此，我们的人心越来越浮躁，根本没有耐心等一等沉沦的心。其实，职场上汇报工作也是一种沟通和交流。要想让领导耐心地听你展示工作成果，你首先应该推销自己。这种情况下，不如把领导当成是你的客户，你只有第一时间征服领导，才能顺利展示自己的工作成果。由此可见，推销自己是展示工作成功的第一步。

为了找到合适的工作，李楠非常重视这次以作品参加面试的机会。李楠是一名建筑设计师，大学毕业后，他找了很多工作都不如意。这次，一家有名的建筑设计院，让参与面试的人都当场上交一份自己的建筑设计，并且进行阐述。

李楠全心全意地进行设计，他很想得到这份工作。然而，在面试那天，他因为救助一个被车撞倒的人，耽误了时间，最终迟到了。李楠到达的时候，面试刚刚结束，主考官正准备收拾东西离开会议室。这时，李楠气喘吁吁地冲进去，说："对不起，我来晚了，因为我觉得巴黎的埃菲尔铁塔也是需要爱的。"这句话，让原本冷漠地看着李楠的主考官，眼睛里瞬间灵动起来。他问："此话从何讲起？"李楠笑着说："爱，是人类永恒的主题。爱与和谐，才能撬动整个世界。建筑也是如此，要有灵魂，要有融入环境的能力。我就是因为融入环境，付出爱心，所以来晚了。我想，您会对我的作品感兴趣的。"主考官停止收拾东西，饶有兴致地看着李楠，说："那么，展示一下你的爱与和谐吧，我看看其中是否真的蕴含着世界。"就这样，主考官给予李楠超长的时间，让李楠慢慢地解读他的作品。李楠果然没有让主考官失望，他的作品深深地打动了主考官。就这样，李楠不仅为自己争取到失而复得的面试机会，还把自己的作品成功地推荐给主考官。主考官感动地说："欢迎你加入我们的队伍，年轻人！"

李楠之所以能得到失去的面试机会，就是因为他见到主考官说的第一句，就成功地把自己推销出去了。主考官呢，因为被眼前的这个年轻人吸引，所以主动停留下来，给他足够的时间展示自己的设计。果不其然，李楠没有让主考官失望，他的作品也如他的人一样，让人耳目一新。

职场上，我们很多情况下都需要争取机会，才能从容汇报工作。上司总是有各种各样的事情需要忙碌，根本没有那么多时间让我们占用。在这种情况下，如果我们想要展示自己的工作成果，就应该大胆地推销自己。唯有如此，我们才能为自己争取更多机会，也为自己的职业生涯赢得更多机会。

上司的主要职责之一就是听取职员汇报

很多职员入职多年，却始终默默无闻。他们既无法展示自己的独特才能，也根本没有机会向上司推销自己，因而他们怨声载道：上司不知道整日都在忙什么，我根本连见他一面的机会都没有。朋友们，这个抱怨的理由是完全不成立的，连牵强都谈不上。上司怎么会不欢迎下属汇报工作呢？要知道，他们的一个重要职责就是听取下属汇报工作，然后给出指导性或者建设性意见。那么，这些职员没有机会向上司汇报工作的原因是什么？就在于他们总是等着上司来关心他们的工作进度，而压根没有做到积极主动地汇报工作。

汇报工作，一定要积极主动。很多时候，也许当你鼓足勇气敲开上司的门时，他正在忙着接打电话，或者处理邮件，那么你完全可以等到忙过这阵子再去。又或者，上司会让你等一等，然后在忙完手里的事情之后给你5分钟时间，让你漂亮地完成简短的工作汇报，你却又觉得压力倍增，甚至觉得自己啰里啰嗦地根本不可能在5分钟之内就完成工作汇报。这样一来，你就不能抱怨上司不给你机会了。上司虽然肩负着听取下属工作汇报的职责，但是并没有义务让下属挥霍他宝贵的时间。倘若我们能够把工作汇报做得条理清晰，重点突出，层次分明，甚至简洁生动，上司一定会非常欢迎你找他进行汇报。

还有很多情况下，上司之所以对下属的工作汇报不感兴趣，就是因为这个下属汇报时总是词不达意，甚至是带着商讨的语气。殊不知，上司再把每一项工作安排给下属之后，就是希望下属能够独当一面。他可不想成为奶妈呀！因此，在汇报工作时，上司的确是没有义务听你说的，你要做的就是努力吸引他听你继续说下去。麦肯锡曾经推出"电梯测试"，意思就是让一个销售人员抓住与陌生客户同乘电梯的一分钟左右，让客户主动邀请他详谈。不得不说，能够做到这一点的都是顶尖级的销售员。面对上司，如果我们也能做到这样，那么还愁上司不愿意听你冗长的工作汇报吗？与其抱怨上司，不如从现在开始就努力提升自己吧！

作为这次年会的策划者，晓萌最近一个月来一直在为年会奔波忙碌。不过，老板这次除了让她策划一场精彩的年会之外，还特别交代了晓萌一个特殊的任务：调动每个人的工作积极性，为来年打一场商海硬仗做准备。

自从交代给晓萌这个任务之后，晓萌每次想去找老板探讨一下年会的事情，老板不是有事情在忙，就是敷衍晓萌让她全权负责。这天，晓萌因为外勤到公司比较晚，恰巧和老板同乘电梯。晓萌眼睛一转，计上心来。她笑着和老板打招呼："老板，早啊！您最近一直比较忙，我想出了一个调动员工积极性的好办法，不过还没有机会和您说呢！"老板眼睛发亮，问："哦，真的吗？这可是管理层一直以来的难题啊，要是你有好主意，可千万及时说出来。"晓萌点点头，说："当然，我怎么敢在您面前说不负责任的话呢！我这个好主意，一般人想不出来呢！"说话间，电梯到达了，晓萌赶紧向老板告辞："老板，我先去忙工作了，改天聊。"老板看着急急忙忙逃开的晓萌，很着急。好不容易挨到中午休息，老板打电话给晓萌，邀请晓萌一起吃午饭。晓萌不由得暗暗窃笑，心想："让你每次都不听我汇报工作，这次你可是自己找上门来了吧！"这天的午餐，晓萌和老板吃得很愉快。晓萌不但汇报了自己的年会筹备情况，也提出了可以通过几个经典的小游戏，增强同事们的凝聚力。

当很多人还在为找不到机会向上司汇报工作时，晓萌的小计谋已经得逞了。她非但从容地向老板汇报了工作，还蹭吃了老板的一顿饭呢！朋友们，如果你们也能和晓萌学会迂回曲折的办法，那么你们就再也不发愁找不到机会和上司汇报工作啦！

其实，上司并没有我们想象中那么忙碌，退一步说，即使上司再怎么忙碌，听取下属汇报工作都是他的分内之事，你的叨扰完全无可厚非。从现在开始，就壮起胆子找上司汇报吧，只要你想出办法吊起上司的胃口，他一定会非常欢迎你的！

汇报不要长篇大论，简明扼要才受欢迎

很多职员的工作汇报都像是老太婆的裹脚布，又臭又长。就这样，他们还抱怨上司不给他们时间汇报，殊不知，等到他们也当了上司的那一天，一定也会为曾经的自己头疼不已。实际上，汇报工作说简单也简单，说复杂也复杂。单纯地汇报工作，并不需要长篇大论，只需要阐述工作的进展和结果即可。因此，单纯地汇报工作应该尽量简明扼要。除非是需要在汇报工作时与上司展开交流和讨论，才会花费更长的时间。

大多数情况下，上司之所以把某项工作交给我们，就是为了自己能够更加轻松。当然，也是希望被托付的下属能够独当一面，把工作做好。既然如此，除非特殊情况，我们尽量不要和上司针对我们职权范围内的工作展开讨论。要知道，这一天下来去找上司汇报工作的，绝不仅仅是你一个人。因此，你也要学会体谅上司的苦衷。在汇报工作时，能一句话说清楚的事情，不要用两句话。能一分钟就完成的汇报，也千万不要占用上司两分钟的时间。对于任何人而言，时间都是生命。珍惜他人的时间，也就是尊重他人的生命。

曾经有职场人士提出，对于职场上的汇报工作，只需要一分钟就足够了，何需要五分钟呢？听到这句话，一定有很多人惊讶得张大嘴巴，半天都合不拢。尤其是对于急脾气的领导，汇报工作不是发表获奖感言，一切的客套和感谢致辞都可以省略掉，只要直接指向结果即可。否则，过多冗长的开头，反而会让领导觉得乏味。

蝉莎是这家公司的企划部主管。在年会上，每个部分的负责人都要上台发言，进行公开述职。轮到蝉莎的时候，蝉莎说："尊敬的领导和同仁们，在这里，蝉莎先给大家提前拜个早年，也祝愿我们公司在新的一年里节节高升。当然，我还要感谢黄总，感谢孟总，感谢每一位同事。没有你们的支持和帮助，我们企划部不可能创造今年的辉煌佳绩，我也就没有资格站在这里，面向大家，说说我心里的话……"这时，老总突然打断蝉莎的话，说："小孙，你不用再致辞啦，直接述职即可。"听到老总的话，蝉莎不由得脸红起来。她突然觉得自己说的话很不合时宜，因为她只是上来述职，而并非是领奖。

在这个事例中，蝉莎显然弄错了一件事情，即述职是对一年来工作的陈述，而不是在老总的表扬之下说些谦虚的话。其实，不仅仅蝉莎会犯这样的错误，很多人在公众场合说话时，尤其是当面对着自己的上级时，都会变得特别啰唆。曾经有人统计过，一个人如果进行为时五分钟的工作汇报，那么他一定至少有三分之二的时间都是用来铺垫陈词的。如果每个汇报工作的人都能单刀直入，开门见山，那么工作的进度和结果是非常清晰明了的，根本无须铺陈。

所谓工作汇报，就是下属对上司进行的述职。每天，作为上司都要处理很多复杂的信息和工作，根本没有时间听取每个下属冗长的汇报。要想尽量提高工作效率，让一切事情都能够得到最简化，首先下属要知道上司的关注点、自己的发力点，这样才能进行精准的提炼。至于那些感谢啊，或者抱怨啊，完全都不应该出现在工作汇报中。当然，简洁精练的汇报并非意味着信息的缺失。虽然汇报的过程非常短暂，但是却需要大量信息的支撑，才能提炼出最精练的内容。因此，即便上司只给你一分钟时间汇报工作，你也不要敷衍了事，觉得自己随便说几句就能渡过这一分钟的煎熬。相反，只有你在准备充分的情况下，才能尽量提供给上司完整的信息。这就像是冰山一角，虽然只有一分钟的展示，实则海面下还有巨大的冰山可待发掘。

预定汇报时间，注意不要延时

你的手腕上戴着手表吗？你办公室的墙壁上挂着挂钟吗？也许你会觉得这个问题莫名其妙，甚至觉得我肯定神经不正常，才会问出这么荒唐且没有意义的问题来，但是，我想告诉你，你应该随时掌握准确的时间。唯有如此，你才能在预定的时间内，完成自己的汇报工作，从而避免耽误上司宝贵的时间。

很多人的工作汇报很冗长，长得让上司昏昏欲睡，而且心急如焚。在这种情况下，有些上司也许会直接打断，还有些上司却碍于面子，只能耐心听着。那么，当你占用了上司宝贵的时间，且导致他没有充足的时间完成既定的工作，他会不对你有所偏见吗？为了避免这种情况的发生，我们应该预定汇报时间，并且时刻盯着时间，不让自己随意拖延。这种做法虽然看似流于形式主义，但是只要坚持下来，对于治疗拖延症一定是有好处的。当你看着时间的脚步一刻不停地往前跑，你会情不自禁地产生紧迫感，就会自发地使自己的语言精练，把那些最重要的事情过滤出来，优先表达。如此日久天长，你就明白了恪守时间的重要性。

职场上，很多人为自己制定的时间单位是上午、下午或者今天、每天。实际上，专家指出，这些时间单位都太宽泛了，难免会导致时间的浪费。真正节约时间的人，会把时间单位精确到分，这样一来，每一分钟的时间都不会浪费。虽然在墙上挂个挂钟的做法让人觉得不可思议，但是事实证明，当你看着墙壁上的钟，你的确会感到时间的紧迫。在你汇报工作时，如果想把时间控制在几分钟之内，那么嘀嘀嗒嗒作响的挂钟，一定能提高你的时间利用率。尤其是在你刻意把汇报时间控制在既定时间之内时，你会发现你的时间利用率大大提高，而且你也并没有丢掉什么重要的问题。

每次林立来汇报工作，张主管都觉得万分头疼。作为销售部门的主管，张主管每天下午下班之前都要接受十几名下属的工作汇报。如此一个个当面汇报下来，半个多小时的时间就没有了，但是，林立反而把时间无限延长，导致张主管的下班时间越来越拖延。为此，张主管做出规定，每个人只能汇报两分钟，过时不候，说不清楚的问题自己负责。为了使这个规定彻底执行，张主管还自掏腰包，买了一个很大的挂钟挂在身后的墙壁上。

这个规定第一天执行，林立很不习惯。他盯着挂钟，支支吾吾刚刚说了没几句，两分钟时间就没有了。张主管毫不客气地把林立请了出去。第二天，林立的紧迫感显然增强了，他说话的语速都加快了。不过，他这次还是没有在规定时间内把想说的都说完。第三天，林立只好拿出一张纸，上面是他列举的几条必须汇报的事项。出乎林立的预料，他不到一分钟就说完了。

剩下的一分钟，他还和张主管探讨了几个问题。随着时间的流逝，林立把汇报的时间控制得分毫不差，每次都能在两分钟之内把该说的说完。他惊讶地发现，自己在其他事情上的效率也大大提高了。

作为上司，虽然听取下属汇报时决然不会忐忑，更不会紧张不安，但是下属们轮番轰炸似的汇报对他们也依然是考验。尤其是当遇到像此前的林立这样的下属时，如果你着急下班回家，或者赶赴约会，那么你只能粗暴地打断他的汇报。遗憾的是，我们不能次次都打断下属的汇报。被逼无奈的张主管，只好想出了限定汇报时间的办法，以保证自己能够按时下班。

职场上，每个人的时间都是非常珍贵的。在这里浪费十分钟，那么在其他地方就得减少十分钟，否则只能拿下班之后的私人时间填补。尤其是在现代职场，没有公司愿意养着闲散人员。面对一个萝卜一个坑的现状，每个人都必须度过充实的一天，才能不遗漏工作。因此，我们每个人都要养成珍惜时间的好习惯，这样才能提高效率，实现可持续发展。

"心理名片"，是征服他人的撒手锏

在为人处世的过程中，第一印象的作用至关重要。很多情况下，第一印象决定了我们能否博得他人的好感，能否继续与他人交往下去。通常情况下，第一印象是第一次见面的最初时段形成的，包括一个人的形象、素质、言谈举止和教养，都决定了其能否给我们留下良好的第一印象。如果说第一印象是在刚刚见面的十几二十分钟里定型的，那么心理名片则是在人们初次见面的第一分钟里成型的。仅从时间的长短来看，我们很容易就知道，要想成功地向他人亮出心理名片，远远比给他人留下良好的第一印象更难。

心理名片，往往是从交谈的第一分钟里的第一句话开始的。很多时候，我们未见其人先闻其声，早早地就被他人的气势镇住，这就是他人的心理名片在发挥强大的威力。《孙子兵法》有云，三十六计，攻心为上。要想从心理上震慑他人，我们首先应该展现出独特的人格魅力。当然，这也是心理名

片的一种。很多情况下，心理名片能够帮助我们从心理上与他人接近，从而与他人建立起一种高雅工作的关系。尤其是在销售行业中，心理名片的运用更加广泛，而且效果显著。

到这个月底，若云就在家赋闲三年了。当然，说是赋闲，她只是没有正式工作而已，她是一边兼职，一边养育孩子。眼看着孩子这个月底就去幼儿园了，若云也动了重新工作的心思。为此，她鼓起勇气，开始投递简历。

经过一番仔细的搜索，若云觉得自己根本没法从事固定下班时间的工作，因而瞄准了保险代理人的职位。面试之前，若云很紧张，觉得自己好几年没有工作了，肯定无法胜任。不承想，在见到销售主管的一刹那，若云的紧张感消失得荡然无存。在主管问她为什么想要从事这份工作时，若云滔滔不绝地说："是这样的。我是一个三岁孩子的妈妈，孩子马上要上幼儿园，我也不愿意在家里依靠老公生活。但是呢，我下午还得提前去幼儿园接孩子，我觉得这是一份能让我两者兼顾的工作，特别适合我。再加上我平日里带孩子在小区玩耍，所以认识很多孩子的妈妈、爷爷奶奶等。我觉得，他们都是我的潜在客户。"若云的一番话，让主管不由得对她刮目相看。的确，这样一个强烈要求独立且有自尊的女性，一定是适合保险代理人这份工作的。为此，主管也以一个妈妈的身份，瞬间打开了话匣子，和若云聊个没完没了。

在这个事例中，原本对自己没有自信的若云，在见到负责应聘的主管是一名中年女性时，马上就向对方递出了心理名片。这样一来，她和主管在极短的时间内，就成功建立了高于工作的关系：她们都是曾经为了孩子放弃事业的女性，如今也都想再闯出自己的一片人生天地。如此相似的经历，如此相同的理想，让若云与主管相见恨晚，恨不得马上就成为闺蜜才好呢！如此一见如故的倾心交谈，若云毫无疑问能够得到这份工作。而且，面试的过程这么愉快，也决定若云在工作中会得到主管很多的帮助和倾心的指点。

当然，心理名片的着眼点并非是相似的经历、共同的心愿，也可以是共同的兴趣爱好。不可否认，志同道合的人更容易成为朋友，甚至是成为死党。那么，如果我们能够在向他人递出心理名片之前，先了解他人的兴趣爱好，一语中的，让其与我们无限畅谈，则很多问题都会迎刃而解。

心理名片，是征服他人的撒手锏。在使用心理名片之前，我们一定要多多观察和了解对方。心理名片征服对方的成功率，与我们对对方的了解程度是成正比例的。其实，假如我们能够纯熟地运用心理名片，那么不管是面对同事、上司还是客户，都可以随心所欲，尽快拉近自己与他们之间的距离。

掌握上司的关注点，一句话 HOLD 住全场

作为上司，对工作的关注点并非是相同的。例如，有些上司关注结果，最在乎你的工作成果是否是他想要的；有的上司关注过程，最在乎你在工作过程中是否已经尽力而为，是否已经不遗余力；还有的上司关注你的计谋，他们并不喜欢你使用蛮力，而希望你能够巧用心思，以四两拨千斤……总而言之，当上司的关注点不同时，你也应该随之不同。例如，在一个关注结果的上司面前，你再三强调自己在工作的过程中费了九牛二虎之力，但是最终却并没有成功。这时，上司一定会毫不客气地说："我只要结果。"再如，在一个坚持原则的上司面前，你大肆吹嘘自己的计谋得逞了，但是上司却说："你的手段并不光彩。"这样一来，上司当然不会赏识你，而且你的工作汇报也会让其觉得索然无味，根本没有兴趣再听下去。

那么，我们如何才能在汇报工作之初就一举镇住上司呢？首先，我们应该清楚地了解上司的关注点。如果我们能够在第一句就脱口而出上司急切想知道的内容，而且我们采取的工作方式和手段也恰恰是他愿意看到的，那么我们一定能让他刮目相看。生活中，每个人都有自己承担的角色和使命，因而我们很难杜绝主观。也因为每个人的人生观、价值观和人生目标不同，所以我们更需要奔向自己的成功。上司也是人，也有七情六欲，也有喜怒哀乐。这就决定了上司在领导我们的过程中，也掺杂着个人的情感和喜好。了解这些，能帮助我们更有效地打动上司的心灵。了解上司，是我们的职业生涯走向成功的第一步。

作为一个新开区域的销售总监，赵海的目标是做出业绩。这一点无可厚非，因为赵海的收入是与业绩息息相关的。他只有把业绩做好，才有可能成就自己。然而，赵海忽略了一件事情，即总经理的目标是市场占有率。毫无疑问，总经理的目标更长远，只有市场占有率提高了，才有可能保证业绩的稳步上升。

和赵海同级别的李星，也是一个新开区域的销售总监。他和赵海不同，他认为在进入新的区域之后，收入有一段时间不稳定是正常的。为此，他并没有在乎销售业绩，而是全力以赴地按照总经理的要求提升市场占有率。一个季度转眼间过去了，赵海的收入和此前在成熟区域时相比并没有明显改变，但是他的市场占有率很低，就像是打仗没有章法一样惨不忍睹。相比之下，李星的市场占有率有了很大的提高，然而李星这个季度的收入锐减至只有此前在成熟大区的三分之一。为此，赵海笑李星傻，李星却说："市场占有率提高了，业绩也就不难了。"在该季度的表彰大会上，赵海作为市场占有率提升最差的区域，遭到了严肃批评。李星呢，汇报时的第一句话就说："我的业绩很差，但是我的市场占有率提高了25%。我想，只要我持之以恒，我的业绩一定不会继续差下去。"听到李星的这句话，总经理第一个带头鼓掌。作为市场占有率提升最好的区域，总经理决定奖励李星个人10万元的奖金，另外还奖励李星的团队10万元奖金。看到李星笑得灿烂的样子，赵海愤愤不平，却又心服口服。尤其是当总经理批评完赵海，紧接着又大肆表扬李星时，赵海简直气得要吐血了。在这次季度总结大会上，总经理下了最后通牒："连续两个季度市场占有率提升最差者，降职为普通员工。"这项处罚措施的公布，简直让赵海无地自容。

事例中，赵海为了保持收入稳定，没有先抓市场占有率，而是保持业绩稳步增长。然而，这就像是在战场上一样，赵海选择了没有章法却立竿见影的效果。李星呢，他牢记总经理的目标，努力提高市场占有率。正如李星所说，一旦市场占有率得到大幅提升，业绩稳步上升的日子也就指日可待了。不得不说，李星的工作汇报一句话就镇住了总经理，让总经理对其刮目相看。这一切，都是因为李星很清楚总经理的目标，也知道总经理的用意，因此才能一语中的。

职场上，揣摩上司的深层心理和战略规划，是非常有意义的事情。试想，如果你做的和上司做的总是南辕北辙，那么即使你做得再好，也无法给上司交出满意的答卷。任何时候，我们都要尊重上司的决定，虽然可以提出不同的意见，但是最好最终协商一致。而且，在日常工作中，我们更要多多留心上司的关注点，这样才能做到上司的心坎里去。

让人耳目一新的好主意，一定能给你加分

每个人都吃过苹果，在日常生活中，苹果是补充维生素的极好水果。然而，我们大多数人在吃苹果的时候，都只是按照常规的方法吃苹果，或者一切两半，或者削皮吃。然而，曾经有个人在偶然之中，发现了苹果里藏着漂亮的五角星。原来，他没有像平常那样竖着切开苹果，而是横着切开苹果。结果，苹果核就呈现出漂亮的五角星形状。这个惊喜，让很多人都感到非常兴奋。从这件事情不难看出，仅仅是切苹果如此简单的事情，就能切出让人惊喜不已的五角星来。其实，生活中有很多充满创意的事情，我们必须用心，才能给生活增添乐趣。

在职场上，也是如此。很多人在工作的过程中始终因循守旧，按部就班，结果很难有所突破。当工作数十年如一日一成不变时，你的职位也必然数十年如一日。现代职场，尤其讲究创新。如果一个人有能力，而且喜欢探索和创新，那么在职业发展上就会如虎添翼，让自己更加迅速地进步。

有一家生产日化用品的企业，因为产品质量好，价格适中，因此在进入市场之后发展迅猛，没过几年，就迅速占领了一定的市场份额。也因为公司花费很多经费投入广告，所以在最近几年营业额节节攀升。然而，就在公司的中高层都非常欣喜的时候，营业额突然止步不前了。为了研究对策，公司中高层连连开会，商量应对的策略。然而，他们想了很多办法，都没有明显的效果。为此，公司一名中层领导提议，在职员之间广泛征求意见，并且设

置了巨额大奖。

一个多月的时间里，积极的职员们就贡献了很多好主意。不过，这些主意或者缺乏创意，或者已经是老生常谈的主意，并没有显著的效果。这一天，负责征集意见的领导打开邮箱，看到一封奇特的邮件，内容赫然写着："把所有的管口和泵口，都再打开一毫米。"这封邮件如此简单，甚至连落款都没有，领导不由得暗自纳闷，甚至对此不以为然。不过，在参加中高层研讨会时，领导还是把这封奇特的邮件提了出来。这时，老总一拍脑门，说："就这么办，把所有的管口和泵口，全部都再开大一毫米。"果不其然，当这批长大嘴巴的产品问世之后，很快，公司的营业额又取得了突飞猛进的发展。后来，公司老总悬赏找这个出主意的能人异士，结果被证实是公司一个新进员工。为此，老总不但提拔他当销售部主管，还奖励了他很大一笔奖金。据这位新员工说，他只是晚上脑海中灵机一动就想出了这个最简单也是最笨拙的方法，因为觉得没什么含金量，所以不好意思署名。没想到，正是他这个独出心裁的创意，让公司的业绩起死回生。

在这个事例中，新进员工成功PK老员工，不但得到了老总的赏识和认可，还升职加薪，可谓双喜临门。很多时候，简单的事情如果想得复杂，就容易走入死胡同。恰恰是最简单方法，反而能够激发出新的创意，极简而行。原来，诸多消费者在使用日化产品的过程中，早就习惯了压下一泵或者挤出一厘米的牙膏，因此，在口径被扩大之后，他们也没有意识到要改变习惯。如此一来，他们自然就会加快使用的速度，也就间接扩大的市场的需求量。这么简单的道理，就成就了新进职员的火箭式上升。

不管是在生活中，还是在工作中，要想让自己博得上司的赏识和认可，就要多多开动脑筋，让自己充满创意。要知道，一个好的创意，远远超过一百个无用的陈旧思想。创新，改变，才能赢得生机。

憧憬未来，让你和上司同时拥有超级能量

汇报工作的目的并非都是统一的，例如，有的人汇报工作是为了让上司了解工作进度，有的人汇报工作是为了借此机会向上司请教，还有的人汇报工作是为了说服上司采纳他的建议或者意见……总而言之，随着汇报工作的目的各不相同，我们在汇报工作时也应该采取不同的策略和战术。在汇报工作进度时，我们只需要尊重事实即可，但是如果你想说服上司采纳你的意见或者建议，则必须成功劝说上司，发自内心接受你的好主意。那么，怎样才能做到这一点呢？讲大道理，上司肯定知道的比你多；打感情牌，上司肯定不会感情用事；威逼利诱，这个手段并不适合于下属对待上司，其实，有一种好办法的效果立竿见影，你完全有必要了解，这就是憧憬未来的方法。很多情况下，作为团队的带领者，有些上司会采用这样的办法为下属打气和鼓劲，让他们更加努力，斗志昂扬。殊不知，这种办法不仅仅是上司对下属的，也可以是下属对上司的。例如，当你有了一个好的创意，想要通过上司的批准，将其付诸实施，那么你最好带着上司一起憧憬无限美好的未来，让上司和你一样为这个好主意振奋不已。如此一来，上司一定会和你一样瞬间变身超人，拥有无穷的能量，恨不得马上就将这个千金难换的好主意变为现实。这就是憧憬未来的神奇魔力。

曾经有位名人说过，理想照耀现实。的确，理想是丰满的，现实是骨感的；理想是浪漫的，现实是残酷的。即便如此，我们依然需要理想的支撑，才能在这个残酷的现实世界踯躅前行，永不放弃。对于理想和现实之间永恒存在的差距，美国学者汤姆将其称为"缺口"。为了帮助人们更好地实现理想，曾经有人专门对此进行研究。结果证实，当我们把这些差距和现实结合起来时，理想和现实之间的差距也就随之缩小。尤其是在我们想要煽动他人时，你可以尽量使用憧憬未来的方法，缩短理想和现实之间的差距。例如，你可以在说话时，多多使用"假如""比如""如果"等，这些假设性的词语能够帮助你带动他人，在心里勾画出未来的美好模样。在商业谈判中，很多经验丰富的人都会使用"逆推法"。即先以假设的方式憧憬未来，然后

再不断往前推进，得到必要的条件。如此一来，听者一定会认为当条件达到时，必然产生美好的结果。这样一来，他怎么还会反对你的意见或者建议呢？这种方法，我们同样可以用于说服上司。

余枫是一家公司的市场营销部主管。最近，公司的销售业绩没什么起色，余枫的压力非常大。为了提高销售额，余枫接连几个夜晚都没有睡觉，他不停地查阅资料，想从前人的经验中找到可行的办法。直到昨天晚上，他在看到关于美国的销售大亨相关的事例时，不由得脑中灵光一闪，想到了一个好主意。当晚，余枫就把这个好的创意做出来，想等到第二天的时候呈献给老总。然而，这个好创意虽然预期乐观，眼下却需要公司投入大量资金，才能开始运作。为此，余枫思来想去，决定以憧憬法说服老总投入资金。

第二天，在面见老总时，余枫首先并没有说自己的创意如何好，而是对老总说："宋总，您看，转眼之间咱们公司已经成立六年了。如果到成立十周年时，咱们举办一个盛大的宴会庆祝，到时候员工也会比现在更多，那情形一定非常震撼。"老总苦笑着说："如果一切都如你所想，那当然好。然而，当务之急是我们必须渡过眼前的难关。"余枫接着说："眼前的难关虽然很难，但是并非不可战胜。如果我们能够把营业额提升10%，公司马上就会走出困境。"看着老板疑问的眼光，似乎在说如果营业额提高10%，我也知道困难就迎刃而解了啊！余枫接着说："咱们公司前期开发的新客户比较多，但是售后维护却有所欠缺。我想，如果我们能拿出一部分商品，作为给老客户的回馈，一定能够争取到更多的订单。"接下来，余枫详细地和老总说了如何回馈老客户，当得知要拿出那么多商品赠送老客户时，老总不由得有些犹豫。余枫继续说："如果您按照我说的做，我不敢保证营业额会有大幅度提升，但是10%肯定没问题。如果咱们这次渡过难关，公司也就会进入更开阔的发展平台，一定不可估量。"在余枫的带动下，老总似乎也看到了未来美妙的前景，因而他兴奋地说："行吧，就按照你说的办！咱们死马当作活马医，总比陷入此刻的僵局更好！"

在这个事例中，面对公司的困境，余枫想出了很好的办法。然而，因为担心老总不批准进行如此大规模的投入，所以他采取憧憬法，带领老总不停地憧憬未来，让老总心潮澎湃，豪情顿生。如此一来，余枫的好主意也就有了用武之地。可以想象，在不久的将来，当余枫的好主意得到回馈时，老总一定会对他刮目相看。

你们可曾也需要得到上司的批准才能开展某项工作呢？作为下属，强制上司接受自己的建议当然是不可行的，只有更加努力地带领上司一起憧憬未来，才能打动上司，让其采纳你的建议哦！当然，打动上司的过程也是你为自己争取机会的过程，所以一定要不遗余力！

,

第07章

面对面汇报，让好口才为你加分

在工作中，除非遇到非常正式的场合，我们会使用书面汇报，大多数情况下，我们会采取面对面汇报的方式，与上司进行交流和沟通。面对面汇报，互动性更强，能够及时得知上司的反馈意见，但是对于下属的口才要求很高。倘若你一见上司就紧张得结结巴巴，那么往往很难在短暂的时间内与上司深入交流。由此可见，作为下属，我们必须练就好口才，才能保证汇报工作更加顺利。

回答问题有理有据，上司才能拍手叫好

很多人在面对上司时，总会莫名其妙地紧张。原本准备好的相关事情，也因为紧张，导致丢三落四，结果反而惹得上司不快。对于这样的情况，最好提前准备好汇报工作的提纲，以免因为紧张产生疏漏。既然是面对面汇报工作，上司一定会随机提出很多问题的，在这种情况下，回答时千万不要信口雌黄，而应该做到有理有据。面对回答问题井然有序的下属，上司才能面露满意的微笑。

很多人在与上司交流时，习惯想当然地说一些自以为是的话。殊不知，上司的时间是非常宝贵的，根本没有时间听你带有浓重主观意味的判断。尤其是当上司提问时，你更应该做出有理有据的回答。所谓有理有据，顾名思义，就是既有道理作为指导，也有事实作为论据。面对你铿锵有力的回答，上司一定也会对你满怀信心。

最近，阿雷因为搬家，调动到离家比较近的一个大区工作。他是做二手房销售的，调动区域使他面临着很大的挑战。为此，虽然现在是春节假期，他还是每天四处熟悉楼盘。对于阿雷的工作态度，家人总是调侃他具有忘我的精神。

春节过后，因为整个公司的业绩都急速下滑，老总召集所有的门店负责人进行述职。这次述职，是公开进行的，即所有人都坐在会议室中，老总点到名字的人就上台汇报工作。虽然是新的大区，存在很多不熟悉的地方，但是阿雷丝毫没有强调困难，而是从主观找原因，希望通过努力改善业绩。老总听完阿雷述职后，赞许地点点头。他问："你觉得，如何才能提高业绩？"阿雷略一沉思，说："我觉得，从短期来看，严格要求工作量是一个立竿见影的办法。但是从长远来看，要想提高业绩，最重要的是提高市场占有率。只有把我们的品牌打出去，让其深入人心，占据大部分市场份额，那么业绩的提高也就水到渠成。诸如上海的××房产公司，在刚开始发展的阶段业绩始终不稳，但是经过一段时间狠抓市场占有率之后，业绩如今稳步提升。"老总点点头，又问："如果追求短期效益，严格抓工作量，会影响长期效益吗？"阿雷说："当然不会，这两者并非是对立的关系，而是相辅相成的关系。严格抓工作量，再同时抓市场占有率，这样一来，我们才能两条腿走路，不会落后任何一项。"老总不由得连声夸赞，当着所有人的面说："作为一名门店负责人，也作为公司各项规章制度的贯彻者和执行者，我希望大家都能向李雷学习。要知道，只有公司上下一条心，才能其利断金。很多同事之前不了解公司的策略，我想，李雷已经用理论和事实对此做出了很好的诠释。"这次述职报告之后，老总对阿雷刮目相看。

面对上司的提问，回答的时候一定不要慌张。面对面汇报工作，首先要拥有良好的心理素质。不慌张，才能发挥好口才，尽可能地表达自己的思想和见解，也展示自己的实力。很多时候，我们根本没有机会与上司面对面交流，既然抓住了这个机会，就不能错过。就像事例中的李雷，平日里很少和老总见面，但是他这次的表现却给老总留下了深刻的印象。这对于他未来的职业发展和升迁，都是有利无害的。

单纯的理论是站不住脚的，只有把理论和事实相结合，才能让理论在事实的支撑下，稳妥地说服他人，让他人心服口服。面对上司进行汇报，其实也是说服上司并且推销自己的过程。从现在开始，我们一定要把握每一次汇报工作的机会，才能为自己谋求更好的发展。

即便掌握事实依据，你也要控制好情绪和音量

很多时候，当我们占据了有理的一方，马上就会觉得底气十足，恨不

得高声喧哗告诉全世界。其实，谦逊的人们总是遵循一句话，即有理不在声高。的确，很多情况下，有理声高的人总是给人留下浅薄的感觉，相反是那些占据道理却依然谦逊的人，更容易给人留下良好的印象。尤其是在职场上，尤其是当你面对上司时，就更应该控制好自己的情绪和音量，千万不要给上司留下得意忘形的恶劣影响。

职场上，总会产生一些误解。有的时候，下属提出的建议或者意见，因为没有掌握事实依据，被上司一票否决。这样的一家之言，往往让下属觉得难以接受。归根结底，每个人都站在自己的角度来看待问题，很难设身处地地为他人着想，这也就导致了矛盾的发生。在这种情况下，下属应该尽量体谅上司，毕竟上司要对更多的人负责，而不是仅仅照顾某个人的情绪和需要。那么，要想让上司一票通过，最好的办法就是掌握事实依据。当你拿出强而有力的事实来说话时，即使你的声音不高情绪平静，上司也一定能敏锐地意识到你的能力很强，甚至开始信服于你。

咪咪在一家幼儿教育机构工作。这段时间，领导交给她一个任务，让她调查幼儿教育机构的开设课程，以及区域内幼儿们在幼儿机构接受教育的比例。咪咪是非常认真的，她一丝不苟地接连调查了一个月，才给领导交出了一份数据。不过，领导对其中的一个数据颇有怀疑，因而问："这个数据是你调查出来的，还是你从哪里查到的，我总觉得这个数据不对呢，根本不符合实际情况。"看到领导质疑自己辛辛苦苦才得到的精确数据，咪咪觉得很伤心。她对领导说："领导，这些数据都是我亲自调查和统计出来的。"领导不由得嗤之以鼻，说："这个数据去年就是这样，难道一年的时间过去了，它就没有任何变化吗？这也太巧合了吧！"这时，咪咪不由得把声音提高了八度，大声说："我这里有原始数据，是我从每个幼儿教育机构里统计来的。我是冒充教育局的人去了，人家才愿意向我透露数据。如果您不相信，您可以自己再去调查一遍！"说着，咪咪拿出自己调查时的原始数据，重新测算给领导看。

领导看到咪咪急了，看完数据之后，说："你这个丫头，怎么还说急就急了呢？你的工作遭到质疑，是职场上很常见的事情。如果你总是这样动辄就粗声大气的，哪个领导还愿意要你啊！"咪咪依然气鼓鼓地说："这当然是因为您误解我啦！我对待工作是很认真的，容不得玷污。"看着眼前稚气未脱的咪咪，领导无奈地笑着说："好吧，以后你就知道我是为了你好，才给你提醒的。"

自从这件事情发生之后，咪咪就很少有机会和领导打交道了。通常情况下，领导遇到需要单独委派的任务，会交给其他同事。当然，领导和其他同事的关系就变得越来越亲近，咪咪呢，和领导的关系自然越来越疏远，不管办公室里有什么好的机会，也都轮不到咪咪了。

在这个事例中，咪咪因为遭到领导的误解，因而在拿出事实作为证据后，对领导大声说话，只为了给自己伸冤。其实，职场上误会时有发生，我们必须保持淡定的心态，才能更加平和。如果因为一次误会就对领导大喊大叫，让领导觉得自己没有面子，那么以后就像咪咪一样，和一切机会都几乎绝缘。

即使在生活中，面对普通的人，我们也不能有理声高，更何况是面对上司呢？上司是最讲究尊严的，也很在乎自己的身份地位。不管在什么情况下，我们都应该保持平和的语调。即使被误会之后拿出事实论据，也千万不要不顾上司的颜面，对上司大喊大叫，否则只能背起冲动的苦果，在职场中艰难前行。

管好自己的嘴巴，该说就说该停就停

说话是讲究时机的。同样的话，在不同的时机下说出来，往往会产生不同的效果。时机，是说话恰到好处的一个至关重要的因素。在该说话的时候说话，即使寥寥数语，也能起到预期的效果；在不该说话的时候说话，即使长篇大论，也只能徒然惹人生厌。那么，怎样才算是说话的好时机呢？从礼仪的角度来说，打断别人说话是很不礼貌的行为，因而千万不要在他人说话时随意插话，这不是好时机。从尊重的角度来说，如果有长辈或者上司

在场，应该让长辈和上司先说话，作为晚辈和下属，抢先说话也是不当的。当然，很多职场人士都把握不好说话的时机，因为他们不知道上司什么时候愿意听他们汇报工作。假如你去汇报工作，看到上司正在接打电话，除非是紧急事件，否则一定要耐心等待。或者，上司正在心烦气躁时，说那些不好的消息也是自找难堪。总而言之，作为职场人士，要想在职场上叱咤风云，就应该学会察言观色，更应该管好自己的嘴巴，该说时就大胆地说，该停地时候就闭上嘴巴。还有一种情况，是在该说的时候选择了沉默。不管什么时候，明明上司等着汇报呢，这边却结结巴巴地说不利索，这样的下属，又让上司如何喜欢呢？

很多职场人士都抱怨自己生不逢时，虽然工作努力，却总也得不到提拔。殊不知，在职场里如果不能好好说话，就会与各种机会失之交臂，擦肩而过。我们不但要掌握说话的时机，更要灵活表现自己。只有在听众需要的时候，以最好的方式完美地表达自己，才是最佳的选择。唯有如此，才能给上司留下更好的印象。

洛洛每次汇报工作，总是不选择时机，不是被上司粗暴打断，就是在没有准备好的情况下被上司强制要求马上开始汇报。为此，洛洛心烦不已。她不知道，自己到底怎么做才能做到最好。

昨天下班之前，洛洛又去找上司汇报工作。这时，上司已经关掉了电脑，正在闭目养神，一看就是急着下班的样子。但是洛洛却看不清状况，对上司说："马总，我这边的工作出现了一点小问题。您可以帮我看看这个文件吗？我已经做了一天了，仔细核对过每个数据，但是一到这一步就会出错，无法继续进行下去。"上司冷漠地看着洛洛，说："我只要结果。哪里不懂的，你自己找老师吧！"洛洛很尴尬，说："可是同事们都有工作……""我也有工作！"上司粗暴地打断洛洛的话，"如果你无法学会怎么和同事们相处，你就只能被淘汰。这么个简单的问题，你也要拿来问我，我是你的秘书吗？"洛洛的脸上红一阵白一阵，简直不知道自己是怎么离开上司的办公室的。

第二天早晨刚到单位，洛洛就与上司迎面遇上了，上司说："洛洛，把你昨天做好的表格拿过来给我看看！"洛洛瞠目结舌地看着上司，一语不发。上司又重复一遍："我要看你做的表格。"洛洛还是不吱声，很久才说："我还没有找到老师，表格还没做完。"这句话让上司火冒三丈："半个小时之内交给我，不然你就走人吧！"洛洛赶紧放下刚刚冲泡的咖啡，开始求爷爷告奶奶地央求同事教她做那个表格。然而，同事们一大早上都有自己的工作要忙，洛洛简直要急疯了，终于赶在半个小时之内拿着表格去了上司的办公室。上司正在打电话，洛洛一刻也没有等待，直接说："马总，我的表格做完了。马总，您看下我做的表格……"毫无疑问，洛洛又挨了马总的白眼。从马总办公室出来，洛洛的脸简直阴云密布。

在这个事例中，洛洛显然是个不合时宜的家伙，不管做什么事情、说什么话，都总是赶在上司不欢迎的时候。对于洛洛，上司一定也觉得很无奈吧！其实，很多时候我们说什么做什么并不那么重要，只要不犯太严重的错误，再能掌握好时机，我们通常都能给上司留下良好的印象。

人的嘴巴，除了吃饭之外，最大的功用就是说话。然而，说话是一件非常复杂而又微妙的事情，同一句话说在不同的时间和场合，效果截然相反。因此，在说话之前，我们必须选择恰到好处的时机，才能把话说得让人愿意听，乐意听，高兴听。

有些话不必直说，委婉表达效果更好

人的本性就是直率，很多人都喜欢直截了当地说话，正是遵循了本性。尤其是孩子，说起话来更是不加任何掩饰，我们将其称为童真。然而，在孩子身上体现出来的童真，如果延续到成年时期，表现在成年人身上依然不加掩饰话，则往往会让人伤神。在成人的世界里，很多真相是不必直接揭示的，即使表达，也应该尽量委婉一些。相比起孩子的直率被冠以童真、童言无忌的美名，成人的直率则很容易给他人带来伤害，甚至最终导致好心办坏事，得罪了他人，也给自己带来苦恼。在与人交流时，我们应该学会委婉地

表达，这样才能照顾对方的感受。有些时候，委婉地表达还可以给我们留下回旋的余地，帮助我们获得良好的人际关系。

所谓委婉，就是用迂回曲折的方式，表达我们原本的意思。一则我们可以达到目的，二则也不至于让他人难以接受。在交谈的过程中，委婉就像是缓冲剂，能够让原本飞流直下的谈话稍微放缓速度，也能给予听话的人更多的时间去接受和领悟。委婉说话，还能顾全他人的自尊心，让他人更加乐于接受你的劝谏。通常情况下，毛头小伙子说话会直来直去，而成熟的人则更倾向于委婉含蓄，不会为了争得一时的胜负输赢而肆无忌惮。在职场上，尤其是面对上司时，说话更应该委婉。要知道，上司在下属面前都是有尊严的，一旦你粗声大气，不给上司留颜面，他一定会对你耿耿于怀，给你的职业发展造成阻碍。即使退一步说，从人与人相互尊重的角度来说，我们也应该尽量委婉。很多情况下，开门见山虽然畅快，但是委婉表达则效果更好。

秦朝时期，秦昭王和大臣中期因为某件事情，彼此之间发生了争执。不想，中期丝毫没有忌惮秦昭王的身份，而是据理力争，最终赢得了争辩。输了的秦昭王非常生气，但是中期却若无其事，大模大样地从皇宫里走出来。看到中期得意忘形的样子，秦昭王更加气愤，决定处死中期以泄愤。这时，中期的好朋友恰巧正在秦王身边，他想奉劝秦昭王不要杀死中期，又担心触怒秦王，不由得心急如焚。突然之间，他想到了一个好主意，马上故意大声说："中期这个说话不会拐弯的人，如果不是遇到您这样的贤明君主，只怕他早就被杀死了。正是因为您的宽宏大量，他才能活到今天。假如他跟随桀纣，只怕早就见阎王了呢！"听到这话，原本气得要杀死中期的秦昭王，只得忍住怒火，咽下了这口气。

面对盛怒的秦昭王，如果直言进谏，为中期辩护，请求秦昭王饶中期一命，显然是不太可能的事情。幸好，中期的这个朋友非常机智，他马上正话反说，以贬损中期，抬高秦昭王的方式，委婉地夸赞秦昭王宽宏仁厚，又说桀纣才会杀死中期，以此暗示秦昭王不要向桀纣学习，最终如愿以偿，让秦昭王改变主意，不再杀死中期。不得不说，中期的朋友聪明机智，把委婉的话术运用得炉火纯青。

　　汉武帝的奶娘在宫外犯罪，为了警示天下，汉武帝决定将其处死。为了求得活命，奶娘不得不向东方朔求助，让他救自己一命。东方朔思来想去，终于想出了一个好主意。他告诉奶娘："你要是想活命，在汉武帝来派人抓你时，一定要一步三回头，但是什么都别说。你这么做，或许能逃得一死。"果不其然，在跟随汉武帝派来的人去受刑时，奶娘一步三回头，眼里含着泪水，却一言不发。这时，站在汉武帝身侧的东方朔冷冷地说："奶娘，你真是愚笨啊！皇帝如今已经长大成人，不再需要你的乳汁了！"听了东方朔的话，汉武帝想起奶娘以乳汁哺育自己的情形，不由得忧伤起来，最终放过了奶娘，饶了她的性命。

　　东方朔从始至终都没有为奶娘求情，而是笑话奶娘太愚笨了，居然还惦记这个已经不再需要她乳汁的皇帝。这句话让汉武帝一下子面露戚色，最终念及旧情，饶了奶娘一命。其实，东方朔看似是在嘲笑奶娘愚笨，实际上是在提醒汉武帝不要忘记往日的恩情。只有知恩图报，才配得上一国之君的威仪。

　　说话，是一门非常深奥的艺术。有的时候需要开门见山，有的时候需要委婉曲折，甚至还需要我们正话反说。总而言之，只有恰到好处地表达我们的意思，并且不会肆意伤害他人感情的表达方式，才能真正起到交流和沟通的最佳效果。

心里装着上司，才能时刻为上司着想

　　很多职场人士，都把自己和上司放在对立面。其实，上司和下属之间并非是针锋相对的对立关系，而是彼此成就和圆满的统一关系。当下属觉得上司是一头可怕的怪兽时，一定时刻都对上司保持着警惕心理，甚至与上司越走越远，最终离心离德。相反，当下属心里时刻想着上司，发自内心地想要为上司着想时，那么不管做什么事情，他都会情不自禁地以上司为出发点进行考虑，这样的下属自然能够得到上司的赏识和亲近。

很多人在生活中都有这样的感受，例如两个相爱的人，如果他们真心相爱，那么一定会彼此照顾，不管做什么事情都优先考虑对方的感受。相反，如果两个人已经从熟悉走到陌生，则不管做什么事情，都对对方无所谓，根本不会在乎对方怎么想。如果我们也把上司当成是自己的恋人，或者是最亲密的爱人，在工作的过程中总是能从上司的立场出发，想上司之所想，急上司之所急，那么我们做的很多事情都会直击上司的心坎，他又怎么会不赏识我们呢？从这一点不难看出，我们与其不停地抱怨上司，埋怨上司不赏识我们，不认可我们，不如先从自己的身上寻找原因。任何力的作用都是双向的，生活就像是一面镜子，你对着它笑，它也回报你微笑。相反，你对着它哭，它也一定会展示给你一个哭脸。同样的道理，当你时时处处都为上司着想时，上司自然也会为你着想，更会发自内心地亲近你。

孟雪刚刚进入公司时，担任文秘一职。不过，没过多久，她就成为了人人羡慕的总经理助理。孟雪既不漂亮，也没有过人的学历，她是如何在这么短的时间内成为总经理助理的呢？对此，很多同事都非常纳闷。甚至，还有些公司的中层领导都向总经理提意见，觉得以孟雪的资格不足以担任总经理助理。对此，总经理一一驳回，说："孟雪是我亲自挑选的助理，我满意就好，你们都别再操心了。"

原来，在担任文秘期间，有一次，孟雪代替请病假的总经理助理向总经理汇报工作。当天，文件很多，都需要孟雪处理。此外，孟雪还得照顾总经理的很多事情。为此，孟雪一直忙到中午，才刚刚处理完一部分文件。十一点半，她并没有忘记给总经理订餐，还细心地点了总经理最爱吃的回锅肉。后来，下午三点前后，孟雪做完所有的文件，拿去向总经理汇报工作。让总经理非常惊讶的是，虽然孟雪只顶替助理一天的工作，但是她把文件整理得井井有条，还细心地给各个部门的文件都换了不同颜色的文件夹，并注明所属部门。这样一来，总经理在翻阅文件时非常方便，再也不用一本一本地找了，只要看看标签，就可以轻松地找到。对于孟雪这个细节处的表现，总经理非常满意。当然，孟雪的工作汇报也非常独特，她按照事情的轻重缓急提前分好，在汇报之前会告诉总经理这件事情比较重要，而且下午五点之前就要解决，因此，总经理觉得自己的工作量一下子减轻了，这是因为孟雪对工作进行了很好的筛选。就这样，在助理因为养病请长假之后，总经理特意钦点孟雪作为她的助理，辅助他完成工作。

孟雪显然是一个非常用心的下属。对于总经理的各项工作，她都将其当成自己的工作一样，尽量在准备环节就一步到位，从而减轻总经理的工作负担。面对这样一个妥帖入心的下属，总经理怎能不"怦然心动"呢？因此，一旦助理职位空缺，总经理第一时间就想到了孟雪。虽然孟雪没有很高的学历，也不是很漂亮，但是她非常用心。正如人们常说的，凡事就怕用心。只要用心，就没有做不好的事情。

朋友们，如果你们现在还在抱怨自己没有得到领导的赏识，那你们就OUT了。与其等着领导来赏识你，不如主动示好，把领导的事情当成自己的事情办，站在领导的角度考虑问题，在领导没有想到之前就把所有的细节都做好。如此一来，你还怕自己得不到领导的赏识吗？赶快行动起来吧！

不要展示你过度的聪明，偶尔也可以犯个错

在上司面前，很多下属都会特意逞强，不遗余力地展示自己的能力。殊不知，弱者才会逞强，而强者却懂得示弱。大多数弱者，都不希望自己弱者的面目被识破，因而他们总是故意逞强，表现出外强中干的样子。相比之下，强者则宽容随和，因为真正的强大是宽容和包容。就像很多女性一样，温柔的她们有着超强的柔韧性，相反，反而是刚强的男性有时候很脆弱。这就说明我们不能仅仅以表面现象评估一个人，而应该更加深入其内心，才能了解其真实的心理状态。

所谓逞强，顾名思义是表现出超出自己真实情况的强大。大凡逞强者，往往不能真正兑现自己的承诺，反而给人留下话柄。就像是下属逞强，在上司面前拍着胸脯接下来艰巨的任务，最终却无法顺利完成，反而给上司惹下麻烦，还得找别人来继续完成。这样的逞强，远远不如开始的时候就根据自

己的真实能力做出正确明智的选择更好。此外，上司往往代表着业务能力和管理能力都高人一筹的角色。假如下属过分逞强，上司则会备感压力，尤其是在下属不分场合地逞强时，上司甚至会恼羞成怒。其实，聪明的下属不但会逞强，更会示弱。在上司面前，他们常常展示自己弱势的一面，以便让上司有发挥的空间。偶尔，他们还会犯个错误，给上司一个纠正他们的机会。由此一来，下属与上司更容易融洽相处。人们总是倾向于同情弱者，而崇拜强者。当这种崇拜并非发自内心时，也许会变成嫉妒。因此，作为下属，你可要学会示弱哦！

作为下属，萌萌的经验可是非常丰富的。虽然每个上司都希望自己能有一个能干的下属，最好是凡事都独当一面的，但是当下属真的任何事情都不需要上司的帮助时，上司未免觉得有些落寞。归根结底，上司的一部分价值恰恰体现在指点下属的工作上面。任何人，都希望自己的价值最大化，唯有如此，存在才更有意义。萌萌之所以深得上司的喜爱，就是因为萌萌不但展示了自己超强的工作能力，而且偶尔也需要上司的指点。这样在有了功劳感谢上司时，她总是说得冠冕堂皇，上司也接受得心安理得。

前段时间的项目由萌萌独自负责。刚开始时，项目进展得非常顺利，没想到进展到一半时，突发意外情况，萌萌只好做出应急方案。不过，萌萌对自己的方案细节有点儿不太满意，但是她却并没有改正。她把方案上报给上司，让上司提出批评意见，上司在认真看过方案之后，嗔怪地说："萌萌，你的能力完全可以做好啊，不过你显然是有点儿粗心。你看看，这个小细节，是不是还有改善的余地呢！"说着，上司把细节之处指给萌萌看。萌萌看了之后，装作恍然大悟的样子连声说："哎呀，我真是该打，该打。这个细节，决定了全局的成败，领导，我实在太感谢你了。难怪人们常说，老将出马，一个顶俩呢！要是我也能像您这样思虑周全，我可就真的成才喽！"萌萌这番话，虽然拍了上司的马屁，但却丝毫不露痕迹，还顺带进行了自我检讨，以凸显上司的重要性和超强的工作能力。如此一来，上司怎么不心花怒放呢？虽然萌萌犯了一点小错误，但是上司非但没有责怪萌萌，反而因此更加欣赏萌萌了。

当下属过于聪明时，上司难免会有英雄无用武之地的寂寥感。聪明的下属在尽情展示自己的工作能力时，也要考虑到上司的感受。因此，适当地示弱，甚至是犯点儿小小的错误，并不影响你在上司心目中的地位，反而会让上司更加欣赏你。人非圣贤，孰能无错。只要我们以虚心的态度改正错误，尤其是要借着自我批评的机会赞美上司的高瞻远瞩，那么效果则更加显著。

职场上的人际关系是最微妙和复杂的。要想在职场上叱咤风云，不但要拥有超强的工作能力，更要善于为人处世。尤其是和上司之间的关系，远了不行，近了也不行。唯有把握好精妙的度，才能得到上司的认可和赏识。在展现工作能力的同时，适当地接受上司的点拨，也能拉近你们之间的关系哦！

当着上司的面，有些话打死也不能说

人与人之间的关系，可以很近，也可以瞬间很远。很近的关系，需要漫长的时间作为情感的积累，但是由最亲密变为最疏远，也许只要一句话的时间。由此可见，语言在我们的生活中扮演着多么重要的角色，唯有更好地把好口舌之关，我们才能处理好人际关系，在人际场合如鱼得水。

在职场上，最难相处的关系莫过于和上司的关系。作为下属，每个人都想和上司走近一些，再近一些，以便让上司有了好的机会时，能够主动地想起我们。然而，当与上司过于亲近时，问题也接踵而来。当你把上司当成自己人，当成朋友，肆无忌惮地说出自己心里的话时，却发现上司依然是上司，他的身份从未改变。在这种情况下，最被动的就是你。聪明的职场人士知道，当着上司的面，不管多么亲热地称兄道弟，有些话都是不能说的。俗话说，说出去的话就像泼出去的水，一旦这些话出口，则再也难以挽回。同样的道理，这些话给你带来的损失，也是无法弥补的。作为著名的职业导师，瑞安·卡恩曾经奉劝每一位职场人士："一定要小心翼翼地和上司说话，否则，你的职业生涯很可能因为你不经意的失言遭到重创。当然，也可

能是成就。"在我们自小接受的数十年教育中，我们总是被要求诚实。的确，即使走出校园，步入社会，诚实也依然应该是我们驰骋职场的首要原则和最佳策略。然而，任何规则都有例外的情况，职场也是如此。很多时候，过于诚实则会出卖你，导致你陷入窘境。

那么，究竟哪些话是不能对上司说的呢？例如一些负面评论。不管公司多么糟糕，只要你还在这里任职，就千万不要当着上司的面说公司的坏话，或者是说一些泄气的话。要知道，下属与上司之间是息息相关的，当你说出消极的话来，上司一定会对你感到失望，甚至放弃对你的栽培。面对上司的器重，当上司交给你一项艰巨的任务时，千万不要脱口而出"我不行"。上司不可能准确区别你对某项工作行还是不行，每个人都是在完成艰巨的工作任务中逐渐成长起来的。当你说自己不行，也就意味着上司或者否定你的工作能力，或者再有好差事决然不会想到你。而且，没有上司会喜欢一个对工作挑肥拣瘦的人。现代职场，各个团队和部门之间都是相互配合的，很多工作职责的划分并没有那么清晰。因此，在面对上司分派给你的任务时，哪怕超出了你此前的工作权限，也千万不要说"这不归我管"。尤其是在面对一些需要承担责任的工作时，更不要随意地推卸责任。在上司眼中，勇于承担责任的下属远远比推卸责任、明哲保身的下属更优秀，更值得托付和信任。总而言之，在上司面前，有很多负面的言论或者是消极的工作作风，都是不被赞赏的。除非你想辞职走人，否则千万不要在上司面前表现出任何负面的情绪或者言论。

这次面试，是由公司的老总亲自主持的。老总为人正直，看人眼光独到，因而总是亲自把关。作为销售行业，时刻都需要注入新鲜的血液，因而老总每周都会与准员工有一次面对面的交流。会议室里坐着七八十个人，老总在讲台上首先介绍了公司的情况，并且说了说公司未来的发展前景和职员的晋升空间。接下来，开始轮流上台进行自我介绍，说说自己的姓名、年龄、毕业院校，以及为什么来到这里参加面试。

大多数求职者，都能准确定位自己，希望自己能够得到工作的机会，开拓自己的人生。然而，当林丹上台时，她说的话简直把大家都惊呆了。她前面说得还不错，只是后面说得就不着调了，内容如下：大家好，我是林丹。我今年21岁了，是应届大学毕业生。我对销售行业并不了解，我之所以来这里面试，是因为我一时之间还没有找到合适的工作。我想干干再说吧，最起码先干着，等到有合适的工作再换。所以，这份工作对我来说就是过渡。

这样在面试中进行自我介绍，不是情商极低的人，真的做不到。老总看着林丹，觉得她并不像是弱智的样子，那么只能说这个孩子是读书读傻了。因此，老总冷漠地说："我觉得，你现在就可以去找更合适的工作了。"

在这个事例中，林丹所说的话，就是在老总面前打死都不能说的话。没有任何一家公司，愿意当成职员的跳板，也没有任何一位上司，想要免费地为其他公司培养人才。对于林丹的心态其实并不少见，很多应届毕业大学生在找工作时，都会以"骑驴找马"为策略，先找一份工作解决温饱问题，然后再一边工作一边寻找更加合适的跳槽机会。这种心态无可厚非，但是在面试的场合公然当着未来老总的面说出来，则是一种对人的极大不尊重，也是策略上的完全失败。

当然，职场上能够如林丹一般无所顾忌、畅所欲言的人少之又少。但是，我们依然应该提醒自己，不管什么时候，对人一定要做到最基本的尊重。此外，无论和上司的关系多么亲近，都不要忘记自己与上司之间的地位关系，更不要忘记上司的身份和立场。唯有符合身份地说话，才能让自己的职业生涯更加顺畅通达。

,

第 08 章

练好文字基本功，书面汇报不犯愁

古代科举考试，只需要写好文章，就有可能飞黄腾达，一步登天。在古代，也没有如今这么多的学科，唯独以文字论英雄。由此可见，文字是一个人综合素质的体现，如果你什么也不懂，自然无法写出好文章。相反，如果你什么都懂却写不出来，那么你就是茶壶里煮饺子，只能肚子里装货。总而言之，练好文字基本功是非常重要的。即使在现代职场，也经常需要进行书面汇报。如果没有扎实的文字功底，写出来的书面汇报干涩生硬，那么领导怎么能不看得意兴阑珊呢？从现在开始，快快练好文字基本功吧！

确定汇报内容，书面汇报才算迈出第一步

和面对面的口头汇报相比，书面汇报显得更加正式。在口头汇报时，因为领导可以及时提问，你在解答领导问题的过程中，就完善了汇报的内容。如此互动下来，双方都得到了自己想要的信息。然而，书面汇报却完全不同。书面汇报是上交给领导看的，因而领导在阅读书面汇报时，你并不在场。所以，从内容的角度来说，书面汇报的内容应该更加详尽和确凿，这样领导才能从中掌握第一手信息。其次，从汇报的思路而言，口头汇报随意性比较大，但是书面汇报则要秉承一定的格式。而且，书面汇报思路应该更加严谨，这样才能称为一篇出色的文章。当然，书面汇报最重要的目的不在于展现形式，而是要达到目的，把自己想说的内容都一一表达出来。因此，要想写出一篇好的书面汇报，首先应该确定汇报的内容。从某种意义上来说，确定汇报的内容，是进行书面汇报的第一步。

就像一篇文章总有自己的灵魂一样，书面汇报，也是需要有重点，有思想的。有些书面汇报就像是刚刚学会写作文的小学生写的一样，通篇都是流水账，虽然内容全面，但是也相当于没有内容，因为没有突出重点内容。有些书面汇报呢，让领导看起来一目了然，很清楚地知道下属想要表达的内容和中心思想，这样的汇报，才能起到事半功倍的效果。否则，领导看完汇报之后再来问你想告诉他什么内容，岂不是天大的笑话么！因此，要想写好书面汇报，第一件事就是确定汇报内容。也只有确定了书面汇报的内容，书面汇报才算进行了第一步，也是至关重要的一步。

冉冉自从大学毕业进入职场后，最头疼的就是写书面汇报。偏偏她的工作是文秘，经常需要完成书面汇报，有时候还需要帮上司写演讲稿等。为此，冉冉头疼不已。也许是因为神经大条吧，冉冉每次写工作汇报，都虎头蛇尾，没头没尾，有时还会思维混乱，不知所云。每当看到冉冉的工作汇报，上司都很无奈地问："你真的是学习文秘专业的吗？难道就以你的文字水平，也能顺利毕业吗？哪个文秘连最基本的工作汇报都写不好呢？"每每听到上司这么说，冉冉都觉得无地自容。她真想在冲动之下告诉上司，她上学的时候就最怕写作文，也不会写各种各样的文章。不过，她很珍惜现在这份工作，可不想上司在一气之下辞退她。

为了应对更多接踵而来的工作汇报，冉冉只好去向学姐请教。学姐在一家大公司当总经理助理，几乎每天都要写工作汇报，还要帮老总写各种文章。要知道，学姐可是当时学校里的大才女啊。冉冉周末专程去找学姐，问："学姐，为什么我总也写不出一份合格的工作汇报呢？"学姐看了看冉冉拿来的遭到上司批判的工作汇报，笑着说："冉冉，你这份工作汇报主要想表达什么内容呢？你看，一篇文章总要有它的内容和思想。我想，你刚开始的时候，只要把握好主要内容就行了。至于润色之类的，等到你把内容把控好，再慢慢学习也不迟。这样，你写的工作汇报最起码是合格的。"听了学姐的话，冉冉认真分析了自己的工作汇报，发现果然读下来之后感觉不知所云。为此，她先在学姐的指导下列了一个大纲，突出重点，然后又围绕重点完成了工作汇报。学姐看完之后，肯定了她的进步。果然，上司也说她的工作汇报有了很大的进步。如此一来，冉冉越来越有信心了。

要想写出一篇合格的工作汇报，首先要确定内容，然后再围绕重点内容展开，写出一篇充实的工作汇报。任何一篇文章，即使是抒发心意的散文，也要有题旨，工作汇报也是如此。从现在开始，作为职场人士，即使我们不是文秘，为了职业前途，我们也应该学会写出一篇合格的工作汇报。

当然，在学有余力的情况下，假如我们能够润色词语，让工作汇报层次分明，条分缕析，语言生动，就更好了。总而言之，每一份工作都需要我们付出很大的心力才能完成，不管从事什么工作，我们都要努力认真。

工作日志，你书面汇报的第一手好材料

很多职场人都发愁写工作汇报，尤其是正式的书面汇报，如果没有一定内容的支撑，总是显得非常空洞。看到其他的职场强人洋洋洒洒地写出那么精彩的书面汇报，简直是羡慕妒忌恨呢！其实，要想写出精彩的工作汇报，是有技巧的。除了要有深厚的文学功底，且能够驾驭文字之外，最重要的就是言之有物。前文我们说过，确定内容是完成工作汇报的第一步。的确，确定内容就相当于明确工作汇报的方向，然后是填充内容。这恰恰是最难的一步。很多人会说，我没有什么好填充的啊，工作任务完成了就是完成了，没完成就是没完成，有什么好汇报的呢！从这个感受不难看出，你一定没有详细记录下工作的过程。

任何工作任务的完成，都需要一定的过程。那些能把工作汇报写得洋洋洒洒的人，一定是言之有物的人，而且他们对于工作的完成有着深刻的体验。要想做到这一点，很简单，你应该坚持写工作日志。人们常说，好记性不如烂笔头。看看上学时期，那些学习成绩好的同学们吧，无不是有着密密麻麻的学习笔记，才能在课后进行及时复习。即使脑子再聪明，如果从来不动笔，学习也不可能出类拔萃。工作也是如此，有些勤奋的职场人员习惯于随身带着纸和笔，这样一则上司安排工作时可以及时记下详细的要求，二则也可以作为工作日志使用，记录下自己每一天的工作体会和心得。如此精耕细作，在需要完成书面工作汇报时，自然不愁没话可说。

每次上司要求写工作汇报，恬恬都非常发愁。看着自己的好朋友兼同事旭旭总是能轻而易举地写出一篇精彩的工作汇报，恬恬简直是羡慕嫉妒恨，不知道如何才能发泄自己的郁闷情绪。这不，又到月末了，上司又要求每人上交一篇工作汇报，并且要求不得低于2000字。当听到这个要求时，恬恬就像听到了地球要毁灭的消息一样惊恐。2000字？就算是不睡觉也写不出来啊！恬恬看着旭旭，旭旭非常轻松，一脸喜悦。对于旭旭而言，每次写工作汇报，都是展示自己工作成果的一次机会，而且她还常常在工作汇报中提出一些自认为有价值的创见，供上司参考。有一次，上司有一个很好的创意就是借鉴了旭旭的提议呢，对此，旭旭和上司都心知肚明。他们就像是守着共同秘密的好朋友，彼此间觉得亲近了很多。

这次工作汇报，旭旭照样是最优秀的。上司就像是老师对待学生一样，还把旭旭的工作汇报作为范本，让同事们传阅和学习。当然，既然有正面标兵，上司也就没忘记再树立一个反面对比，这个对比就是恬恬。看到除了工作汇报以外，其他能力都远远不如自己的旭旭成了上司面前的红人儿，恬恬很不服气。她思来想去，决定观察旭旭是如何写好工作汇报的。果不其然，又一次写工作汇报时，恬恬发现旭旭拿出了一个神秘的小本子，还对着本子念念有词。恬恬一把抢过本子，说："哈哈，原来你有秘密武器。让我也来看看，这是个什么东东。"仔细看过之后，恬恬发现这是旭旭的工作日志。原来，旭旭从工作以来，就养成了写工作日志的好习惯。因此，每次写工作汇报时，她从来不担心自己言之无物，因为她工作中或者精彩或者坎坷的过程，都在日志上记载着呢！

在这个事例中，旭旭因为工作汇报写得好，得到了领导的赏识。对于各个方面的能力在旭旭之上的恬恬而言，这当然是一口咽不下的恶气。为此，她认真观察旭旭写工作汇报时的表现，终于发现了旭旭的秘密武器。

对于任何职场人士而言，要想写好工作汇报，都必须言之有物，且生动丰富。那么，工作汇报并非是每日一写，很多工作过程中的感悟就像是我们的心情一样，往往转瞬即逝。过了当时的节点，再进行回顾，往往有着物是人非的感慨。既然如此，我们为何不写工作日志呢？这样就可以把当时的心情和感悟都记载下来，等到写工作日志的时候直接采用，一定非常精彩。

掌握三个环节，轻松搞定书面汇报

如何写好工作汇报，这是很多职场人士都发愁的问题。所谓工作汇报，顾名思义就是对工作的总结和展望。然而，就是如此简单的事情，对于没有掌握规律的人而言，也是非常艰难的。实际上，工作汇报从本质上来看，并

没有那么难。例如有很多人喜欢面对面地向上司进行口头汇报，如此一来，他们一定滔滔不绝。尤其是当上司提问或者给出一些互动时，他们更加口若悬河。但是，能说的人不一定能写出来，对于这些人，完成正式的书面汇报或许很困难。相反，有些人则喜欢书面汇报，他们大多数很内向，一见到上司就脸红心跳，在面对上司的提问时还会莫名其妙地紧张，根本不能流畅地表达。对于他们而言，从容地写书面汇报，是一件非常轻松的事情。看到这里，肯定有读者会感慨：如果能把这两者结合起来，那该多么好啊！的确，如果一个职场人士既能说，又会写，那么一定会成为职场上的佼佼者。偏偏，这二者很难综合在一个人身上。既然如此，我们作为会说的人，就也应该掌握写书面汇报的技巧。

要想轻松写出合格的书面汇报，一定要掌握三个环节。首先，书面汇报要有自己独特的特点。俗话说，千人千面。在职场上，虽然大家都在同一作业模式下工作，但是也依然要保持自己的特色。当上司看到令自己耳目一新的工作汇报时，一定会记住写出这个汇报的人。由此可见，一篇独具特色的工作汇报是多么重要。相反，如果很多人的工作汇报都是一模一样的，说的全都是套话，那么上司在看到这样的汇报时，一定觉得索然无味。其次，书面汇报里体现的内容，一定要遵循事物发展的客观规律。很多职场人士在汇报工作时，或者夸大其词，或者过度谦虚，都无法得到上司的认可。只有怀着不卑不亢的态度，站在客观公正的角度汇报工作，才能给上司最真实的反馈。最后，工作汇报必须言简意赅。试想，面对一篇啰啰唆唆却言之无物的工作汇报，如果你是上司，你会怎么想呢？每个人都必须把握住这至关重要的三个环节，才能保证自己的工作汇报能够通过上司的法眼。甚至，如果你的工作汇报非常出色，上司还有可能因此而深深地记住你呢！

这次开会，上司对整个办公室的十几名员工大发雷霆。他把一沓工作汇报狠狠地丢到桌子上，气鼓鼓地说："今天，我就让你们也当一次上司。你们之中，谁能怀着愉快的心情读完这十几篇如出一辙的工作汇报，我就对他五体投地。"离上司最近的小李被要求读工作汇报，读完一篇又一篇，大家突然发现每个人的工作汇报几乎一样，所说的相差无几。这时，大家不由得面面相觑，难怪上司会这么生气呢！

上司看着大家，依然气愤地说："虽然你们都在一个办公室里坐着办公，但是你们的工作职责并不相同。为什么我从工作汇报里看不到这些差异，而且你们连态度和文字的风格都如出一辙，这绝对是不合理的。每个人的性格不同，风格不同，怎么可能写出一模一样的文章呢？这种现象只有一个原因，即你们不约而同地抄袭了同一个人的工作汇报，甚至是抄袭了网络上的工作汇报。可能你们觉得工作汇报无用，但是要想继续在我的领导下工作，你们就必须学会写工作汇报。这次的工作汇报作废，我希望明天早晨八点看到的工作汇报，就像你们的脸孔一样给我留下深刻的印象。"上司说完就走了，大家全都羞愧不已。

第二天早晨八点之前，同事们陆续把工作汇报都交上去了。这次除了有几个胆大包天的依然抄袭之外，大多数人都凭借自己的真实能力，完成了工作汇报。虽然这次汇报没有昨天那么整齐划一，但是上司看完之后非常高兴，他说："这才是体现你们独特个性的工作汇报，再接再厉！"

上司之所以对整个办公室同事的工作汇报都不满意，就是因为他们的工作汇报千篇一律，整齐划一，根本看不出任何独特之处。要知道，文如其人，如果不同的人写出近乎相似的文章，这其中一定有什么环节出了问题。幸好，上司及时纠正了办公室里的歪风邪气，相信大家以后再也不敢互相抄袭，或者统一抄袭了。

工作汇报看似无关紧要，实际上却是上司了解下属的一种重要方式。唯有认真对待工作汇报，把工作汇报写出自己的特色，你才能给上司留下深刻的印象，让上司发自内心地赏识你。

学会作图，让上司对你的汇报一目了然

常言道，文不如表，表不如图。事实果真如此吗？当你把一大堆的数据堆叠在他人面前时，你一定会发现他人并不很愿意看你辛苦搜集的数据。这

是为什么呢？这些数据是你亲手整理出来的，因而你并不觉的拖沓繁杂，但换位思考一下，假如这些数据是他人呈报给你的，那么你还会觉得它们如此可亲可爱吗？你一定会想，如何从这些数据中整理出头绪来呢？既然你有这样的愿望，就应该在整理数据时，体谅到看数据的人的内心。当你主动把这些数据整理为表格，然后再将其精简为直观形象的图，你会觉得世界都豁然开朗。

很多人在进行工作汇报时，总是把自己用心搜集来的各种数据写上去，以此作为有理有据的表述。殊不知，领导绝非每天只需要看你这一份表格，既然你已经花费很多时间和精力整理出了数据，何不再用心一些，把数据做成表格，然后再变成直观的图呢。这样一来，上司在看你的工作汇报时，再相比别人交上来的工作汇报，一定会对你赞赏有加。人更倾向于直观思维，这是由于图形更加浅显易懂的原因。就像一两岁的幼儿一样，虽然他们没有很好的认知能力，但是他们却能够通过图形看懂绘本。因而，现在的父母更加注重用绘本启发幼儿阅读，尽早开发他们的阅读能力。虽然走出大学步入工作岗位的我们，恨不得赶紧变成职场上精明干练的人才，但是很多技能都是可以返璞归真的。学会制表和制图，也许是你完成一篇精彩的工作汇报必要的条件。当上司对你的文字表述有所不解时，只需要看看你用心做出来的图，马上就会一清二楚。这样的效果，是普通的书面汇报无法相比的。

每次汇报工作，小米交上去的工作汇报都会被上司驳回，而且有的时候上司还会喊小米过去，对着工作汇报询问她一些问题。小米原本就脸皮薄，看到上司还紧张，因而很害怕被召见。这不，工作汇报交上去之后，小米再次被领导召见，简直很不得找个地方藏起来。见到上司后，上司指着一对数据问小米："你这是向我汇报工作呢，还是考我呢？数据是你整理的，你现在就一一给我讲一遍，我头都看大了。"听到领导的话，小米紧张地开始讲起来。事后，小米发现和她同时上交工作汇报的西西，一次都没有被上司叫去。为此，小米特意请西西吃饭，请教西西如何做到不被领导召见。

看到小米的工作汇报，西西笑着说："小米啊小米，你可真是老实。你想啊，你把这么多数据一股脑地交给上司，他能不头疼吗！其实，你再往深一步想，领导想要数据，不就是想统计一下，看看咱们的市场销量么！你负责的是华东区，我负责的是华北区。如果把这些零散的数据给他，等他看明白，恐怕也不比咱们整理数据轻松呢！我的工作汇报之所以每次都一次性通过，是因为我用了表格，还做了图。"说着，西西拿出自己的工作汇报，指着一份表格说："你看，这份表格中既有你提供的零散数据，也有整合起来的数据。你在看看我这张图，我根据最终汇总的数据，做了一份市场占有率的图。这样一来，上司看完之后就知道了咱们的绝对销量，也知道了咱们的市场份额，可谓一目了然。其实，上司也不是故意要找你问的，肯定是实在看不懂你的那么多数据呢！"西西一语惊醒梦中人，小米恍然大悟："是啊，我怎么就没想到呢！其实，在整理数据的时候顺便做表格，最后再汇聚成图片，是非常省时间的。哎，西西，我真是没白请你吃饭，我可算是求得真经啦！"

在此之后，小米再写工作汇报时，也学着西西的样子，先把数据以表格的形式整理出来，然后汇总，最后再将其变成图标。果然，上司再也没有召见过她。

不管做什么事情，我们都要学会用心，学会站在他人角度考虑问题。尤其是在和上司交涉工作时，如果能够稍微多做一些以减轻上司的工作负担，那么不妨多做一步。这样一来，不但向上司证明了你的工作能力，也能够帮助你获得上司的认可和欣赏。就像事例中的小米，如此轻而易举就能完成的表格和图，她却始终没想起来。幸好西西告诉她其中的道理，她才恍然大悟。

职场上，与上司友好相处好处多多。作为职场人士，我们每个人都应该在工作时，尽量给上司创造更多的便利条件，从而帮助上司轻松地完成工作。记住，图比表更直观，表比零散的数据更整齐。

学会使用电子邮件，让沟通随时随地

关于汇报工作究竟采取哪种方式，有很多人都有不同的偏好。例如，有

的上司喜欢面对面沟通，有什么问题当面问清楚，当时就解决，不过这种方式的弊端是要耽误双方的宝贵时间，也因为讨论时会情不自禁地跑题，导致时间利用率降低；有的上司喜欢以书面汇报的方式进行，不过这种方式缺乏及时性，通常适合阶段性工作汇报；还有的上司喜欢打电话，一眼看不到下属坐在工位上，马上就一个电话打过去，遥控行踪，有的时候，他们还会要求下属在上班到岗或者下班离岗的时候以座机汇报……总而言之，因为性格和脾气秉性的不同，上司们也是八仙过海，各显神通。那么，如果遇到不方便当面表达，但是又希望得到及时处理的问题需要与上司沟通时，该怎么做呢？有些下属会用微信、短信等方式，当然，最着急的就是通电话。如果不是那么急迫呢，或者问题三言两语说不清楚，那么邮件是当仁不让的最佳选择。

邮件既有书面汇报的正式感觉，又传递方便，只需要鼠标轻轻一点，即可到达，还能够给我们很大的空间阐述自己的问题，这么多的好处使它受到很多职场人士的宠爱。综合来说，我们应该根据上司的喜好和习惯来选择最恰当的方式，不过有的时候不妨以邮件作为保障。即使你已经在线与上司反映过急需解决的问题，也可以再次发一封邮件以示确认。职场上经常发生这样的情况，即你交给上司的东西上司有可能因为忙碌，没有收到。那么，当因此而耽误工作时，你如果能够证实自己已经通过多种渠道与上司进行沟通，那么你的责任就会极大限度地减轻。当然，这与推脱责任是不同的。在职场上，我们既要勇敢地承担起自己的责任，也没有必要成为他人的替罪羊。职场经验丰富的人对于邮件有着特殊的感情，他们既爱邮件，也恨邮件，因为邮件就像千面夏娃一样，既能成就他们，也会摧毁他们。只有灵活使用邮件的功能，你才能更加游刃有余地在职场上行走。

最近，佩琪的老板去美国谈一笔大生意。作为老板的助理，佩琪负责留下来看守家业，协助副总一起打理公司业务。老板在的时候，佩琪还不觉得事情多么难以应付，毕竟有老板盯着呢。然而，老板一走，佩琪发现当老板简直太不容易了，每天都有千头万绪的事情需要解决。副总呢，又不敢轻易做出决定，生怕把事情搞砸了承担责任，如此一来，与老板沟通并且拍板工作的事情就落到了佩琪身上。

起初，佩琪每天都会被老板打越洋电话，偏偏有些事情并非三言两语就能说清楚的。不出几天，佩琪就花了几百元的电话费。思来想去，佩琪觉得不行。为此，她决定用邮件的方式与老板沟通。当然，遇到特别着急的事情，佩琪也就不心疼电话费了。如果不是很着急的，可以等待几个小时或者一天的，佩琪就会用邮件，把事情的来龙去脉详细告诉老板，再听从老板的安排。如此半个月之后，佩琪和老板的邮件往来居然达到七八十次，几乎每天都要沟通三五次。对于这样的工作模式，佩琪渐渐适应，老板也很喜欢用邮件沟通。

因为邮件的神奇作用，佩琪和老板实现了随时随地的沟通。最关键的是，他们的沟通毫无成本，只要是能上网的地方，就可以沟通。很多朋友也许觉得邮件沟通太慢，但是在这个讲求效率的时代，把问题阐述清楚才是最重要的。打电话虽然快，一则电话费昂贵，二则很多文件的传输通过手机很不方便。随着网络时代的到来，在繁华的城市几乎达到了随时随地都能上网的便捷程度。既然如此，当你需要使用邮件的时候，就放心地使用吧。

还有一种情况，就是遇到不好表达的事情时，也可以使用邮件的方式。邮件，和书面交流相似，不过比书面交流的时效性高很多。通过邮件说些难以直接开口交涉的事情，不但能够避免面对面的尴尬，也能够尽量在最短的时间内得到回复，可谓一举两得。想要成为现代社会的职场达人，你已经习惯使用邮件了吗？千万不要OUT哦！

多多读书，才能把茶壶里的饺子漂亮地倒出来

对于满肚子话却说不来的人，人们总是将其形容为"茶壶里煮饺子"。的确，这个比喻非常形象，饺子一个个肚饱溜圆的，但是偏偏被装在壶口特别小的茶壶里，越是煮熟的饺子，越是倒不出来，心急如焚地看着，却不能吃，真叫白白浪费了。其实，生活中"茶壶里煮饺子"的现象还是很多的。例如，有的人满腹才华，就是不能当老师，因为他不会把自己的知识传授给

学生。有的人则恰恰相反，虽然他们不是名牌大学毕业的，仅仅以高中水平去教授小学生，但却能够把自己所学倾囊相授，效果反而立竿见影。再看看职场上有多少闷头干活的人吧，他们明明能力很强，工作业务也很过硬，但就是不会表达，既不能为自己争抢功劳，又不能让上司知道他们不遗余力的工作状态，最终只能是默默无闻。

现代社会，虽然依然提倡谦虚，但是在职场一味的谦虚却是要不得的。过去人们常说酒香不怕巷子深，现在人们更认为酒香也怕巷子深。尤其是在推销自己的过程中，拥有好口才极其重要。也许有人会问，如何才能提升自己的语言表达能力呢？尤其是需要写书面的工作汇报时，如何才能把满腹心事都变成漂亮的文字呢？很多人提笔忘字，很多人写点儿东西就像挤牙膏一样困难，归根结底，还是因为他们知识的储备太少。要想改变现状，首先应该多读书。虽然我们已经走出学校，但是现代社会是全民学习的社会，如今的时代每个人都必须终身学习。当你读的书越来越多，你渐渐就学会了如何表达自己。所以，当你抱怨自己是茶壶里煮饺子时，一定要赶快行动起来哦！书籍，是人类最宝贵的财富，每每拿起书本，只要是有心人，就一定会有收获。与其整日怨天尤人，不如拾起宝贵的零散时间，多多充实自己。每个人的脑袋都像是一架精密的机器，越是闲置，越是迟钝。相反，当你的脑袋像高速运转的机器一样转个不停时，你一定会惊讶地发现自己文思泉涌，下笔如有神。

闹闹是个典型的提笔忘字的人。早在上学时，他就最发愁写作文，从小学愁到高中，再到大学毕业前夕，他的论文都是花钱找人写的。然而，如今已经步入工作的他，也不可能天天找人帮忙完成书面的工作汇报啊，无奈之下，他只好自己提笔开始写起来。

一个晚上过去了，他只写了三百多字，简直是抓耳挠腮，理屈词穷。眼看着已经深夜，明天上班就要交上这份工作汇报，他是真心着急。这时，作为教师的妻子走过来，问他怎么还不休息，他愁眉苦脸地说："我的工作汇报还没完成呢！真想不明白，上司为什么非要书面的工作汇报呢？要是让我说，我估计说个两个小时也没问题。"妻子笑了，说："你有时间滔滔不绝地说两个小时，上司未必有时间听啊！要是他的每个下属都口若悬河地说，他一天不得忙死啊，根本没时间干别的了。"闹闹觉得妻子说得也有道理，只得继续抓耳挠腮地继续写。这时，妻子提议道："我觉得你以后下班回来还是不要抱着电视和电脑吧。你看看，你写一千多字的文章就愁得这样了。要是你平日里多多读书，就算下笔没有神，至少也能言之有物吧。"闹闹觉得妻子说得很有道理，笑着说："遵命，老婆大人，我也觉得我肚子里的墨水太少了。这样吧，以后你每天晚上备课，我就陪着你，我读书，你看怎么样？"妻子高兴地赶紧去网上买书了。经过几个月的学习之后，闹闹果然觉得自己下笔顺畅了。再遇到写工作汇报时，他也就没有那么发愁了。

良好的书面表达能力，常常能让我们在工作上需要动笔时，表现出非凡的能力，甚至得到领导的认可和赏识。不过，如果没有长期读书的积累和工作经验的积攒，要想写出言之有物、条理清晰的工作汇报，只凭着努力和勤奋是不够的，还要有好的文笔。只有良好的书面表达能力，才能帮助我们更准确地表达思想，传达信息，汇报工作。否则，纵使你腹有诗书气自华，但是却不能清晰地表达出来，也只能徒留自己欣赏，无法得到他人，尤其是上司的认可。

第09章

汇报礼仪，重视细节让领导更喜欢你

在向领导汇报工作时，往往在你还没有正式开始汇报时，领导就已经开始从细节处观察你了。为了给领导留下良好的印象，我们必须更加注重细节，例如进领导办公室时先敲门，和领导说话面带微笑，不管是否有理有据声调都不要过高等，这些不经意间的小细节，都让领导对你有一个基本的判断，形成大致的印象。聪明的职场人士，在汇报工作时一定会讲究礼仪，这样才能最大限度地博取领导的好感。

严格守时，让上司感受你的敬意和做人的严谨

生活中，你曾经因为各种各样的原因迟到过吗？想必大多数人对于这个问题的回答，都是肯定的。的确，在过去的漫长岁月中，很多人都不习惯于守时。相反，他们都觉得偶尔迟到几分钟是无关紧要的事情。如此一代又一代地传承下来，守时就变成了一件奢侈的事情。直到国门打开，国人开始走入世界，与各个国家的合作伙伴打交道，守时才被提上日程。当然，在此过程中，我们也没少因为不守时吃亏，甚至受到教训。

很多明智的人，善于用是否守时来衡量他人。在一些守时人的眼中，不守时的人首先是对他人极大的不尊重。此外，也意味着这个人做事不够严谨。传统的经济模式渐渐远去，现代社会必须凭借着真才实学和真正的本领，才能为自己赢得一席之地。守时其实并非我们想象中那么困难，假如你觉得自己做事比较慢，那么完全可以笨鸟先飞。例如你是个女生，每次出门前都要化妆至少半小时，当你与男友约定九点钟见面之后，你千万不要八点半才开始梳洗打扮，而应该在八点钟就开始装扮自己。这样一来，你才能够准时到达目的地，不至于引起男友的反感。对于守时这件事情，每个人的看法都是不同的。有的人觉得迟到一会儿也没关系，就是多等一会儿而已；有些人却觉得不遵守时间是非常严重的事情，甚至会因此而淘汰一个朋友。那么，在现代职场上，守时则变得更加重要。尤其是在与上司约定好时间之后，我们作为下属，千万不能迟到，否则，上司在焦急等待的过程中，或者觉得你工作态度有问题，根本就不尊重他，或者觉得你做人做事不够认真，不是个值得托付的人。如果你遇到的是一个守时观念很强的上司，他甚至还会因此对你心存芥蒂，导致影响你的职业发展和前途。既然不守时的后果这么严重，那么我们还有什么理由不严格遵守时间呢？正如一位名人所说的，时间就是生命，不珍惜时间就是浪费生命，浪费他人的时间就是谋财害命。时间，是生命的组成材料，如何把有限的生命最大限度地拓宽，这是我们每个人都应该为自己也为他人负起的责任。

简是一名建筑设计师。最近，她所在的设计院正在准备竞标一个项目，为了保证以最强的实力夺下这个项目，院长首先组织在所内进行竞争。规则如下：每位工作一年以上的设计师，为该项目作出设计方案，然后所里找权威的专家进行评选，以实力最强者参与项目竞标。

得到这个消息后，简非常兴奋。作为一名有着十年设计经验的设计师，她已经发展到职业的瓶颈阶段。她特别想寻找一个机会突破瓶颈，为自己谋求更加广阔的天地。为此，她不分昼夜，参考了很多设计方案，最终设计了一个让人耳目一新的方案。当看到这个方案之后，她的设计团队都赞不绝口。所里的评选定于周三举行，然而，周二那天，简因为身体不适，导致周三起晚了，没有赶上所里的班车。当她打车又遭遇堵车，最终气喘吁吁地赶到所里时，原本计划于九点开始的评选，已经进入了尾声。除了简，所有参选同事的方案都已经公开阐述和评论过了，如今就等着出最后的结果。看到简姗姗来迟的样子，作为评选主持的院长非常恼怒。尽管简再三请求院长给她一次机会，但是院长却铁面无私地说：“评选已经结束了。”就这样，简失去了这次千载难逢的好机会。作为一次公开的工作汇报，她的成果石沉大海。

对于简的迟到，面对诸多参选者，院长选择拒绝她的参与。虽然从下属的角度来说如此决绝的决定有些不近人情，但是从上司的角度来说，这么做也无可厚非。现代职场，很多人都是非常守时的。倘若不遵守时间，则是对他人极大的不尊重。虽简是因为错过了班车而没有及时赶到，但是她如果态度更加慎重一些，早点儿出门去坐班车，也许就不会出现这样的情况了。退一步来说，如果意识到迟到的后果非常严重，当即就打车去坐地铁赶往设计院，也许不会迟到。总而言之，迟到看似是偶然的因素，实际上存在着很大的必然性。

当你为迟到寻找借口的时候，记住上司一定会因为你的辩解更加恼怒。在这种情况下，最好的办法就是防范于未然，有重要的事情一定提前安排时间。万一真的不幸迟到，也千万不要一味解释，否则会给上司留下不好的印象。要想让职业前途更好，要想成为现代职场上真正的强者，我们首先应该学会严格守时，并且养成严格守时的好习惯。

恰到好处的称呼，让你瞬间博得上司的好感

中国是最讲究人情和礼仪的国度，在面对熟悉的人时，讲究礼仪的人一定会给予他人恰到好处的称呼。甚至是在面对陌生人时，我们也往往根据对方的年龄、身份，尽量尊重地称呼他人。这是因为，如果我们不尊重他人，就无法得到他人的尊重。生活中尚且如此，工作上呢？则更应该如此。不过，在生活中我们对他人的称呼，主要是表示尊重和善意，在工作中的称呼则复杂得多。例如，有的人在面对现任上司时，自然会根据职位称呼。但是如果对方恰巧调整职位，虽然升迁，却还没有正式走马上任，这时，你会称呼他现在的职位，还是称呼他不久将来的职位？这个问题的答案更加倾向于后者，但是也不完全是这样的。如果这位上司是因为某些尴尬的原因导致职位悬而未决，那么你直接称呼他升职之后的职位，显然会被他理解为含有讽刺的意味。在这种情况下，佯装不知情，依然以现在的职位称呼他，无疑是最好的选择。当然，如果对方正在大张旗鼓地庆祝升职，你再以现在的职位称呼之，未免会让其心生不悦。总而言之，职场上的职位升迁是很常见的事情，只有给予上司恰到好处的称呼，上司才会对你产生好感。

中国的文字博大精深，有的时候遭遇尴尬的情况，恰到好处的称呼能够轻而易举地缓解尴尬，缓和现场的气氛。当然，称呼既能成事，也能坏事。如果称呼不恰当，也很有可能让原本兴高采烈的人转眼间晴转阴，脸上阴云密布。

姗姗在人力资源部工作，已经进入公司两年多了。近来，人力资源部

的总监调任副总经理，由此总监的位置就空缺下来。一个偶然的机会，姗姗得知运营部的马主任也许会调动来当人力资源部的总监，不由得就留了心。经过或者有心或者无意的打探，姗姗基本确定马主任马上就要变成他们的马总，因而对马主任格外留心起来。

一天，姗姗在咖啡间遇到马主任，马主任亲切地和姗姗打了个招呼，还说："姗姗，你可真勤奋啊，总是见你忙忙碌碌的。"姗姗看到马主任俨然把她当成了自己人，不由得更加心中有数，因而笑着对马主任说："马总，您什么时候走马上任啊，我们可都盼着呢！"马主任笑得合不拢嘴，说："你这个小丫头可真机灵，到时候我新官上任，还得多多仰仗你啊！"姗姗赶紧表示谦虚，这样就算是和马总正式相识了。

在这个事例中，姗姗是非常机灵的。在得知马主任有可能成为人力资源部的马总时，她多方打听，最终判断出马主任走马上任在即，升职已成定局，因此非常有眼力见地称呼马主任为马总。想想吧，一个盼着升职的上司，在得到未来下属的这一声尊称时，一定发自内心地高兴和骄傲。也由此，姗姗给马总留下了一个深刻的好印象。

尽管职场是以实力打拼的地方，但是真正的职场上只有实力还是远远不够的。很多时候，我们都必须学会进行细致入微的观察，并且还要在嘴巴上抹蜜，说一些顺水人情的好听话。就像对上司的称呼一样，不管叫主任也好，还是叫老总也好，其实下属并没有任何损失，但是却换得了上司的心花怒放。由此一来，上司怎么不会对这样的下属产生好印象呢？聪明的你，赶快想想自己对上司的称呼是否都恰到好处吧！

不管面对谁，礼貌用语都是不可缺少的

作为老师，一定是有师道尊严的。作为上司，也一定有上司的尊严。对于上司而言，最不能容忍的事情就是下属的不尊重和藐视。反过来想，作为下属，不管犯什么错误，都不要以下犯上，伤害上司的尊严。其实，对上司

表达尊重的方式有很多。从根本上来说，上下级关系和普通的人际关系有着很多的相同之处，因而对待上司，我们也要像对待其他人那样，给予其足够的尊重。尊重一个人，首先体现在语言上，最直接表达尊重的语言就是礼貌用语。不管对谁，只要我们的礼貌用语使用到位，都能起到预想的效果。

生活中，有哪些礼貌用语呢？诸如"您好，您辛苦了""谢谢您""非常抱歉""我感到很荣幸""对不起""请"等话语，都能很好地表达礼貌和尊重。当你对一个人说出这些话时，对方一定能够感受到你的尊重。当你对上司使用这些礼貌用语时，上司也会很乐意听到。早在几千年前，老祖宗就曾留下训诫："君子不失色于人，不失口于人"。这句话的意思是说，讲道德的人应该讲礼貌，不会声色俱厉，也不会恶语伤人。从我们自身的角度来说，使用礼貌用语不但是对他人的尊重，也能表明我们自身的素质和涵养。很多时候，生活和工作中都会产生一些意想不到的误解，甚至使我们陷入尴尬的境地，导致现场气氛剑拔弩张。在这种情况下，最好的办法就是使用礼貌用语，缓和气氛，甚至消除误会。总而言之，礼貌用语不管对于谁都是适用的。如果能够恰到好处地使用礼貌用语，你一定会有意想不到的收获。

作为销售代表，思彤经常需要和销售总监打交道。因为同为销售代表的同事间竞争激烈，所以思彤常常需要销售总监帮她协调货源，才能从同事的竞争中脱颖而出。这段时间，公司的供货非常紧张，即使工厂夜以继日地加班生产，产品还是不够销售的。为此，每个销售代表都在讨好销售总监，希望销售总监能够与仓库联系，优先给自己费尽心力争取来的客户供货。但让大家都很惊讶的是，即使货源再怎么紧张，思彤的任何客户都没有流失过。每次，看到思彤笑盈盈地从总监办公室走出来，其他同事都是羡慕嫉妒恨啊！

思彤究竟有何秘诀呢？原来，大多数销售代表去找总监时，总是采取公事公办的态度。他们觉得，销售总监的工作好坏也是跟销售代表的业绩息息相关的，既然如此，销售总监理应帮助大家协调货源，留住客户。因此，他们每次去找总监帮忙，总是气势汹汹的样子，似乎总监就是他们每个人都有权力使唤的大管家，必须对他们有求必应。思彤却从不这么想，她知道，销售代表这么多，总监没有义务帮助每一个人。为此，每次去找总监帮忙时，思彤总是刚刚推开门就展现微笑，她以甜美的声音对总监说："总监，实在不好意思，我又来麻烦您了。能不能请您帮我协调三千件货呢？我知道我麻烦您很多次了，您放心，我一定请您吃大餐。我这个客户都维护好几年了，好不容易才打开活口，总监，请您一定要帮我啊！"每次请总监帮忙，思彤总是未语先笑，而且还会说出让总监无法拒绝她的理由。为此，总监只好答应下来，说："好吧，全公司的销售代表中，就数你最精明，说话好听。"思彤就笑着走了。当然，她也没忘记请总监吃饭，或者给总监送一些精致实用的小礼品。

很多销售人员都觉得向自己的上司寻求帮助是天经地义的事情，殊不知，上司面对诸多的下属，想要帮助每个人也是力不从心的。民间有俗话，叫作会哭的孩子有奶吃。当需要上司鼎力相助时，只有嘴巴抹蜜的下属，才能获得特殊的偏爱。思彤就是这样一个嘴上抹蜜且很会哭的孩子，所以才能在诸多同事都无法调到货源的情况下，凭借着总监的偏爱，从未流失任何一个客户。

常言道，伸手不打笑脸人，更何况还是一个一边笑一边对你说些"甜言蜜语"的人呢？要想让上司接受你的请求，成就你的事业，从现在开始，就学会使用礼貌用语吧。俗话说，礼多人不怪。只有更好地运用礼貌语言的魅力，你才能玩转职场！

随意打断上司发言，一定会让你追悔莫及

关于语言的习惯，每个不同性格的人都有所不同，例如有些人是慢性子，说起话来也慢慢吞吞，不急不躁。再如，有些人是急脾气，说起话来就像竹筒倒豆子，甚至没有耐心听完他人的娓娓道来。不管是什么性格的人，其说话的风格总是与其性格特征有着一定的关联。那么，如果你是个急脾气，自己说话如竹筒倒豆子也就罢了，可千万不要随意打断他人说话。通常情况下，随意打断他人说话是一种非常不礼貌的行为。要知道，每个人说话

都是有思路的，当他人正沉浸在自己的思路中表达想法和看法时，突然因为你的插话而戛然而止，那种感觉一定很难受。当然，如果你总是打断别人的发言，而没有被打断的体验，不妨设身处地，那么你一定会了解别人为何感到恼怒。大多数情况下，喜欢随意打断他人说话的人，都是思维比较敏捷的。他们的插话往往并非出于恶意，而是在别人的抛砖引玉之下，突然产生了奇思妙想，因而就忍不住急于表达。实际上，这样突然产生的想法往往带有一定的冲动性，也并不成熟。而且，如此粗暴地打断他人说话，也会导致他人的表述不完整，甚至变得凌乱。如此没有任何好处的做法，最好不要为之。

在职场上，最忌讳的就是随意打断他人的发言，尤其是上司的发言。上司不管是从工作能力上还是经验资历上，都比下属高明一些，所以才能坐在管理者的位置上。当上司正在发言时，倘若你突然之间打断上司的话，一则会打断上司的思路，二则会使上司误解为你根本不尊重他，甚至是当着其他同事的面公然藐视他。显然，这两种后果都是比较严重的。与其冒险打断上司的话，不如提升自己的素质。其实不论说话的是上司，还是只是一个普通同事，或者只是我们身边的一个不相干的人，不打断他人发言都是最基本的礼貌。想明白这一点，你就会知道上司并没有滥用特权，而是你需要做得更好。从我们自身的角度来说，古人云不鸣则已，一鸣惊人。要想表达自己的真知灼见，一定要等到上司发言结束，了解上司的真实意图之后，再有目的地回应上司，这样更容易一针见血，一语中的。否则，你既打断了上司发言，引起了上司误解，自己的言论又因为没有听到上司的完整描述而有所偏颇，那可真是讨不到一点点好处。不管从哪个方面来看，我们都应该耐心地听上司发言之后，经过慎重思考，再发表自己的见解。

每次分配工作任务，张主编都喜欢把要求向编辑们一一解释清楚，但这次，张主编却挺郁闷的。新来的小艾，是刚刚毕业的大学生，没有任何工作经验。为此，张主编特意等到最后才给她分配工作，想给她详细地讲一讲要求。

张主编娓娓道来："这个选题是贴近家庭生活的，主要围绕亲子之间发生的很多关于家庭教育的事例……""我知道，主编，是不是要写爸爸妈妈如何言传身教教育孩子的？"张主编点点头，忍耐地看了看小艾，继续说道："亲子教育包含很多方面，不但有父母对孩子的教育，也有孩子对父母的启迪。著名教育家蒙特利梭不是说过嘛，儿童是成人的父……""真的哎，主编，我小侄子只有三岁，但是有些时候说的话特别深刻有哲理，把我哥哥嫂子弄得惊讶不已。"张主编耐心地说："等一下，你先听我说。不过呢，现在市面上的亲子教育书籍很多，为了有好的反响，我们还应该拥有独特之处。为此，我们设计了亲子游戏环节……""亲子游戏，那太好了，我想父母们在看完一个章节之后，带着宝宝一起做游戏的场面肯定很温馨……"这次，轮到张主编打断小艾的话了，只听张主编毫不客气地说："小艾，在我说话的时候，你能否不要随意打断呢？照你这样不停地插话，我再说一个小时，也无法说清楚各项要求。你应该听我说完，再发表你的看法，如果你做不到这一点，我想我只能以书面形式向你下发选题了。但是你此前没有独立策划图书的经验，你觉得你能胜任吗？在没有任何指导的情况下？"听了主编的话，小艾的脸红一阵，白一阵，她恨不得找个地洞钻进去。原来，小时候爸爸妈妈总是提醒她不要随意打断他人说话，是为了这个目的啊！

没有任何工作经验的小艾，在主编讲述了一些要求之后，马上就脑洞大开，非要冲动地说些什么作为回应。殊不知，主编在安排工作，他只需要传达自己的要求，而根本不需要听小艾的意见。毕竟，表述要求和商量讨论是完全不同的概念。在小艾的几次打断下，主编的思路变得断断续续，最终只得毫不掩饰地表达自己的不满，才能让小艾闭嘴。这次事件，一定会给小艾深刻的教训。想来，在经过这件事情之后，她一定不会再随意打断上司的言论了。

不管是哪个行业，也不管做什么工作，在面对上司发言时，千万不要因为一时冲动，就不计后果地插话。否则，上司一定会对你深恶痛绝，甚至不想再与你面对面交谈。如此一来，你的损失岂非太惨重了吗？从现在开始，快快改掉缺乏耐心、抢着说话的坏毛病吧！

面对面地汇报，与上司进行心与心的沟通

很多人在向上司汇报工作时，或许是因为觉得汇报工作完全是流于形式，因而根本不愿意投入全部身心，只是敷衍了事；有的人或许是因为胆小，从来不敢直视上司，眼神总是游移不定，就是不看上司的眼睛……不管出于哪种原因，如果面对面地汇报工作时，不能与上司做到四目相对，传达心意，则这样的汇报就是失败的。

很久以前，我们就知道眼睛是心灵的窗口。当相爱的人彼此深情表白时，一定会看着对方的眼睛，似乎想要探寻对方的心灵。那样的眼神，震撼人心。当然，面对上司，我们并不需要如此动情和投入，但是彼此的注视和眼神的交流还是必需的。只有眼神与眼神进行交流，才能弥补语言交流的缺憾，让交流更加深入融合。包括演员在舞台上表演，不管歌唱演员，还是舞蹈演员，在展示自己的美妙歌喉和优美舞姿时，也都需要和台下的观众进行眼神的交流，更何况是下属面对上司呢！

每次当面向上司汇报工作，小雅都觉得很难堪。她的上司是一名非常英俊帅气的男性，不但有着魁梧的身材，还有着帅气的面孔，更重要的是他的声音也特别有磁性，低沉而又平缓，这一切都让小雅不敢面对上司。其实，小雅也并非暗恋上司，尽管办公室里的女同事大多数都以上司为梦中情人，但是小雅有自己深爱的男友。那么，她为什么不敢看上司呢？原来，上司的眼神会说话。每当汇报工作的过程中产生疑问，上司的眼神就会打出问号；每当对下属的工作汇报觉得不满意，上司的眼神也会流露出责怪的神情。面对这样一双会说话的眼睛，小雅简直太紧张了。

这天，小雅拿着表格找上司签字。她把表格递给上司之后，就一直低垂着头，不敢抬头。这时，上司似乎看到有个数据错了，因而问："小雅，这个数据是怎么回事？"小雅还是不敢抬头，只是问："哪个数据？"这时，一向温文尔雅的上司显然有些愠怒，厌烦地说："你怎么总是低着头啊？你低着头，我们怎么交流？"小雅鼓足勇气抬起头，但是眼神依然不敢与上司直视，说："对不起。"上司真的生气了，说："你难道心里有鬼吗？否则为什么说话的时候不敢看我的眼睛。眼睛是人心灵的窗口，对交流起到重要的辅助作用。看到你的样子，我就知道你工作没做好。"看到工作被否定了，小雅被逼无奈，只好抬起头来。她看着上司说："对不起，我的数据都仔细核查过了。您可以告诉我哪个数据不对吗，我再来检查一遍。"看到小雅抬起头，上司的情绪才缓和一些，说："这样不是很好嘛，我看着你的眼睛，就知道你没有说谎。以后，不要总是低着头，感觉就像犯错似的。"这次事情之后，每次去汇报工作，小雅都鼓起勇气抬着头，在语言交流的同时，也用眼神与上司交流。她发现，这样的交流方式使得谈话更加融洽了。

在这个事例中，小雅一直像是犯错一样低垂着头，这让善于用眼神交流的上司非常苦恼。如果说语言是交流的媒介，那么眼神则是心灵与心灵交流的媒介。很多情况下，语言不能表达的微妙感情，通过眼神，都可以恰到好处地传达出来。所以，如果你也经常面对面向上司汇报工作，那就赶快学会使用语言的交流利器吧！

在职场上，每一次和上司当面交流的机会都弥足珍贵，因为作为下属，你刚好可以借助这个机会尽情展示自己的能力，也让上司更加了解你。如果总是一味地躲避，往往事与愿违，甚至会让上司对你的忸怩作态心生反感。现代职场需要的是大大方方的精英人物，必须不卑不亢，才能赢得上司的认可和赏识。

你为什么被雪藏？先从细节进行反思吧

每个人在职场上，都或多或少地犯过错误。其实，犯错是正常的，一旦发现自己闯了祸，千万不要急着推脱责任，而应该首先反思自身。当然，职场上也不乏有些下属成了冤大头，被上司拿来当垫背的。然而，官大一级压死人，即便你发现自己受了冤屈，如果事情已经成为定局，也没有必要再四处伸冤。从大的方面来看，混迹于职场的人，几乎全都遭受过委屈，这就像是我们上学要交学费一样。在经受过一次委屈之后，最重要的不是为了所谓

的正义奔波，而是努力地提升自己的能力，避免再次发生相同的情况。

尤其是面对责任，职场上的很多工作项目，上司都要与下属承担连带责任。所谓的连带责任，其实弹性空间很大。例如，可以由下属承担主要责任，让上司承担连带责任，也可以由上司承担主要责任，由下属承担连带责任。虽然翻来覆去都是这几句话，但是意思和结果却大不相同。很多时候，作为上司在遇到危险的时候会选择明哲保身。那么，他当然会让下属当替罪羊，为自己的过失承担主要责任。在这种情况下，除非错误惊天动地，否则作为下属的你最好乖乖承担起责任，等到日后再图谋东山再起。遗憾的是，职场中总是有些人喜欢较真，认死理。对于不是自己的主要责任，抵死不从。如此一来，老总其实对于职员的分量也是有衡量的。当你以一名普通职员的身份，肯定很难与你的上司抗衡。因此，最终的结果是你依然要顺从于你的上司，与其更好地磨合。当然，等到事情发展到这一步再低头，你已经与扬眉吐气完全无缘了。

今天上午，行政部主管李娜接到临时通知，说总部来人考察，中午每个部门都要留人。因为事情紧急，且李娜当时手头上正好还有一份传真急待处理，所以她就将通知的工作交给前台王敏。王敏挨个办公室通知，但是中午总部的考察团到来时，广告部却大门紧闭，一个人也没有。陪同总部考察的副总见状，责怪地看了李娜一眼。等到总部考察团离开之后，李娜向副总解释，说："我今天已经安排王敏挨个部门通知了，我会核实广告部为什么没人的。"

事后，李娜问王敏："王敏，难道你没有通知广告部吗？"王敏支支吾吾地说："我每个办公室都通知了，但是在通知到广告部的时候，他们部门恰好没人在。"听到王敏的回答，李娜顿时气结，许久才说："广告部的人恰好不在，你这也算通知到了吗？现代通信技术如此发达，你打个电话告诉他们也行吧！"王敏低垂着头，一声不吭。这次事件的责任，李娜一个人独自承担了下来，她可不想让王敏再去副总面前狡辩。不过，从此之后，李娜再有任何紧急工作，再也不敢交代给王敏处理了。王敏呢，一直待在前台的位置上，眼看着升职无望，只好辞职走人。

在工作出现失误之后，王敏原本该主动承担责任，以帮助李娜摆脱干系。然而，她非但不愿意承担责任，反而还故意推脱。由此一来，李娜自然对王敏的工作能力和人品都产生了怀疑。在承担所有责任之后，李娜虽然什么也没说，却从此把王敏雪藏起来，不管工作上有什么表现和晋升的机会，都与王敏彻底绝缘。从某种意义上来说，王敏如今的状态意味着她在李娜手下的职业生涯已经结束，只能选择辞职。

人的本性就是趋利避害，但是有的时候，该承担的责任一定要勇敢承担。否则，一旦被他人看低，即使未来再怎么努力，也无法弥补给上司留下的不良印象，只能是得不偿失，追悔莫及。

遇事不懂要多问，上司不会责怪勤学好问的"好学生"

上学的时候，老师最喜欢的一定是勤学好问的学生。虽然这样的学生常常拿着小本子、带着疑问去占用他们宝贵的课间休息时间，但是老师依然欢迎他们的"烦扰"。这是因为，育人是老师的天职，只有桃李满天下的成就才是值得老师骄傲的。经过数十年的学习，我们已经从小学读到中学，再到高中，再到大学，甚至还读完了研究生等。至此，我们原本以为不再需要持续地学习了，直到走入工作岗位才发现一切都没有改变：在知识大爆炸的现代社会，每个人都应该保持终身学习的好习惯。

不管你的学历多么高，也不管你在学校的成绩多么好，一旦走上工作岗位，你无一例外地会发现自己的所学太贫乏，根本不足以应对工作。尤其是工作经验的欠缺，往往会让高分低能的大学生无比尴尬。在这种情况下，我们应该怎么办呢？最好的办法就是重新做回小学生，更要做回勤学好问的好学生，不管遇到什么不懂的问题，都要主动请教上司。这样一来，上司非但不会责怪你高分低能，缺乏经验，反而还会以你的勤奋好学、全力工作为理由，欣赏和认可你呢！很多新进职场的大学生，都是心比天高的。他们不愿意向上司请教，甚至觉得上司的学历没有他高，因而小瞧上司。殊不知，学历只是一纸文凭，只有真正在实践操作中积累的经验，才是工作过程中不可

缺少的法宝。因此，我们每个人，无论学历高低，都应该摆正心态，心甘情愿地请教上司，向上司学习。人，总是很爱面子的，上司也是如此。当他看到你就像小学生信赖老师一样，不管遇到什么问题都信赖他、仰仗他，他一定也会不遗余力地教给你实践经验，帮助你尽快成长和成熟起来。

在这批实习生中，杜鹃无疑是最"笨"的一个，但是上司偏偏最喜欢她，把仅有的两个留下来的名额给了杜鹃一个。细细想来，和那些家在本市的同学相比，杜鹃的家在遥远的农村，既没有显赫的背景，也没有强大的人脉关系。上司为什么会选中她呢？

原来，杜鹃的"笨"不是真正的笨，而是表现在她的勤学好问上。杜鹃，虽然在学校里成绩优秀，也得到了老师充满赞扬的推荐信，但是进入公司之后，她真的就像是一个空杯子一样，一切全都从头做起。既没有其他实习生那么骄纵，也从不觉得自己研究生的学历有何了不起，别说是对上司了，即使是对清洁工阿姨，她也非常尊敬，还向清洁工阿姨讨教如何清扫马桶才能洁净如新呢！对于上司，她更是勤学好问。有些实习生有不懂的地方，或者不懂装懂，或者随便问问同事，但是杜鹃就像是一颗钉子一样，总是刨根问底。每次遇到不懂的，她都拿着笔和本子去聆听上司的教诲，还再三对上司表示感谢。对于这样一个善解人意的女孩，上司当然愿意她成为自己的得力干将啦！

在这个事例中，没有任何背景和势力的杜鹃，之所以能给上司留下良好的印象，就是因为她的空杯心态和谦逊的精神。她从不把自己在学校的优秀挂在嘴上，而是把自己放低到尘埃里，即使面对清洁工阿姨，她也自认为有需要学习的地方。如此勤奋好学的职员，就算是老总，也会很乐意把她留下来，好好栽培。

古人云，三人行，必有我师。如今，很多大学生大学毕业后，拿着一纸文凭就自以为是，不知道天高地厚。殊不知，没有任何工作经验的他们，在职场上并非大受欢迎，反而有很多单位在招聘时都注明不要应届毕业生。作为应届毕业生，要想找到理想的工作，并且得到顺利的发展，一定要像小学生一样，努力学习，孜孜不倦。

作为职场人士，我们经常会遭遇被上司批评的窘境，或者是因为工作没有完成好，或者是因为其他的某些原因。总而言之，进入职场之后，大概没有谁是一帆风顺，从未遇到坎坷和挫折的吧。面对批评，很多朋友会因此而郁郁寡欢，甚至一蹶不振。实际上，就像老师给我们指出错误是为了督促我们进步一样，上司之所以批评我们，也是为了起到提醒和警示的作用，这样才能鞭策我们不断进步。

面对上司的指责，你要化悲痛为力量激励自己

在职场上，任何人的工作都有出错的时候，或者是因为懈怠，或者是因为粗心，更有可能是因为外部条件的变化和缺失。每当工作出错的时候，我们难免会遭到上司的批评，在这种情况下，我们是郁郁寡欢，还是烦闷纠结？作为一个聪明且充满智慧的下属，绝不会因为上司的一次批评就一蹶不振。相反，他们会采取更加明智理性的态度，认真反思自身，以保证不会再犯相同的错误。如何面对上司的批评和指责，很大程度上取决于下属的真实诉求。工作，归根结底不是做给上司看的，而是我们不断提升和历练自己的一种方式。工作，体现的是我们人生的价值，而并非出于其他的任何目的。为此，我们要工作，更要勤奋努力地工作，这样才能让自己的人生更加充实。

有的时候，我们因为失误犯了严重的错误，上司在气愤之余也许会非常严厉地指责我们。在这种情况下，如果就此一蹶不振，很有可能会导致职业生涯的夭折。有些心理承受能力比较差的人，甚至会选择辞职，只因为觉得无法再面对上司。殊不知，上司很少会为了报复你而刻意批评你，当他指责你的时候，内心深处最真切的愿望，一定是希望你改正错误，再接再厉。因此，明智的下属会借此机会反思自己，把悲痛化为力量，让自己振奋精神，全力以赴地工作。

对于刚刚进入职场的琳达而言，在工作上出错是很常见的事情。但是，那些小错误都没有招致上司这次这么严厉无情的批评。一刻钟之前，琳达简直被上司批评得抬不起头来，恨不得找个地缝钻进去。原来，琳达在为客户核算数据时，写错了一个小数点，幸好客户及时发现，否则一定会造成巨大的经济损失。为此，上司毫不留情地批评琳达，恨不得揍她一顿才好的样子。

大学毕业的琳达，怎么可能受得了这样的委屈呢？之前上司偶尔批评她，轻描淡写的，她还能忍受。现在的琳达，大哭一场，只想辞职。看到琳达低落消沉的样子，玛丽对琳达说："琳达，我刚刚进入公司时，也像你一样会被上司批评。不过，我不像你这样伤心。你想啊，你上学的时候是不是也经常因为做错题目被老师批评呢，其实，老师是为你好。每次受到批评，你都能积极地改进自己，这样一来，你必然会取得很大的进步。相反，如果不是上司及时为你指出错误，你还不知道得再犯几次这样的错误呢！如此想来，你是不是就觉得心里舒服一些了呢！"在玛丽的劝说下，琳达觉得心里舒服多了。她擦干眼泪，认真地反思自己的错误，还写了一篇深刻的自我检讨，向上司保证自己不会再犯同样的错误，当然也保证会尽量避免犯错误。因为端正了心态，从此之后，琳达进步越来越快，在几个月之后就经常得到上司的认可了。

作为职场人士，尤其是职场新人，每个人都难免会犯错误。每当犯了错误，我们应该怎么办呢？一味地伤心难过，对于错误不但没有任何弥补作用，还会导致上司对你产生误解：一个不能勇敢地承担和改正错误的职员，如何能够成为合格的职员呢？既然上司有这样的心理，作为下属，一定要让自己变得明智豁达。只有积极地反思自己的错误，并且督促自己改正错误，才能不断地进步和提升自己的能力，为自己未来的职业发展打下良好的基础。

无论是对于生活，还是对于职场，任何人都不可能是一帆风顺的。尤其是对于职场新人而言，刚刚从大学校园走入社会的他们，缺乏工作经验，更容易犯错。在这种情况下，一定要让自己精神强大，只有努力进取，才可能更加快速地成长。

爱之深则责之切，相信上司是赏识你的

在职场上，你是希望自己成为隐形人，不管什么时候都不被上司发现，还是希望自己能够得到上司的关注？除非是不想上进的职场人士，否则答案当然是后者。只有得到上司的关注，我们才有更多的机会展示自己。不过，凡事都有两面性，在得到领导的关注时，你既得到机会展示自己的优秀，也无形中被上司盯紧，一旦犯了错误，也理所当然被上司看到，甚至还会为此受到责怪。对于这样的情形，有些心理承受能力差的朋友，往往会觉得无地自容，甚至觉得对职场前途失去希望。这样的心态，显然不利于我们的职业发展。唯有端正心态，采取积极的态度面对上司的责怪，我们才能不断进步。

就像是父母对待孩子一样，父母往往对于自己偏爱的孩子会提出更高的要求，这是因为他们对于所喜爱的孩子给予了更深切的期望。上司也是如此，只有对于他在乎的下属，他才会费尽口舌地批评和指责，给他指出错误，督促他改正和进步。倘若上司不在乎某个下属，那么这个下属一定会像空气一样消失在他的视野里，他即使看到这个下属有错误，只要不涉及原则性问题，他也不愿意花费时间和精力为其指出。在人才辈出的职场上，想要追求进步的下属，一定会非常努力地想要引起上司的注意，吸引上司的眼球。即使是因为错误受到责备，也照样能够加深自己在上司心目中的印象。很多人在被上司指责时往往情绪低落，假如能够意识到上司是因为赏识你，所以对你高标准严要求，你就不会那么郁闷了。相反，你也许会感到高兴呢！

和其他同事遭到上司批评总是愁眉苦脸不同，韩通每次被上司批评，只要真的是他的错误，他总是非常平静，有的时候甚至还有些高兴。今天，韩通就因为经验不足，导致设计方案出现错误，被上司劈头盖脸地指责一通。其他同事都满怀同情地看着韩通，韩通却说："没关系的啊。上司批评我，是爱护我。你们想啊，老师何曾批评过那些不被注意的同学，反而是好学生更频繁地被批评。这都是因为老师心里在乎这个同学，希望这个同学快速进步。同样的道理，上司一定是赏识我，才会对我提出这么高的要求。虽然遭到批评，但是我却得到了进步的机会。这个错误如果不是上司帮我批评指正，我也许还要继续犯好几次呢！"

看到韩通这么想得开，同事们纷纷笑话他。然而，韩通依然如故。他积极地请教经验丰富的老职员，努力地改进自己的设计方案，果然在当天下午，就给上司交上了一份满意的答卷。上司看到韩通完善过的设计方案，非常满意地说："韩通，你呀很聪明，以后一定要主动学习，才能积极进步。"韩通点点头，说："上司，您就放心吧。我知道，您每次给我指出错误，都是为了我好。我心里明白。"上司笑着说："你这小子，心明，嘴甜。所以我才喜欢你，赏识你，想把你培养得更优秀。你明白就好。"经过这次掏心掏肺的沟通，韩通和上司之间更加有了心照不宣的默契。他知道，上司是为他好，因而也就更加与上司亲近。上司呢，得知韩通知道他的赏识和认可，也就更加多多提点韩通。自然，韩通的职业生涯越来越平顺。

人在职场，总有些事情是身不由己，不管是下属还是上司，都应该努力地改变现状，才能谋求进步。作为现代职场人士，必须摆正心态，所谓活到老学到老，不管我们是初入职场的应届大学毕业生，还是经验丰富的职场老鸟，都必须不断努力，才能保持进步的状态。从现在开始，就加倍地努力吧。

当然，每个人都喜欢听到夸奖，而不想被批评。遭到批评时，人们难免会产生沮丧的情绪，难以自制。其实，只要摆正心态，意识到上司，批评你，其实就是关注你，就是为了帮助你更快地改正错误，发展事业，你自然就不会再抵触上司的批评指正，而是会认真听取上司的意见，积极主动的完善和提高自己。

重视上司提出的宝贵意见，你才能展翅飞翔

在职场上，很多下属对上司莫名崇拜，觉得只要是和上司有关的就都

是好的。这种人依然保持着小学生的心态，像崇拜老师一样崇拜上司。与他们恰恰相反，有些人则总是自以为是，从来不把上司放在眼里，不管遇到什么事情，都觉得上司说的是错的，一定要和上司拧着干。尤其是遭到上司的批评时，他们更加嗤之以鼻，甚至公然表现出对上司的蔑视。现实情况是，无论上司的学历是否有你高，工作经验是否有你多，他们一定是有着过人之处，才能做到现在的职位上。相反，即使你很多方面都非常优秀，也应有需要向上司学习的地方。古人云，三人行，必有我师。三个人一起走路，都能从中找到自己的老师，更何况是身为上司的人呢，就更有值得你学习和借鉴的地方啦。

人在职场，要想尽快进步，就一定要怀着空杯心态。不但要向同事学习，更要向上司学习。总而言之，只有虚心学习，你才能得到发展。但是，因为上司的地位特殊，所以我们更要尊重上司提出的宝贵意见。作为你的直接领导人，当你要求进步时，当你想为自己争取表现的机会时，都必须仰仗上司的提拔。为此，上司的意见对于下属有着特殊的意义，既能够帮助下属进步，在下属慎重对待上司的宝贵意见，且理智执行提升自己时，还能给上司留下良好而深刻的印象。如此一举数得的好事，明智的下属一定不会错过。

小张和小王都是今年的应届大学毕业生，一起进入这家公司，在销售部做销售工作。对于刚刚走出象牙塔的他们而言，销售的工作无论是从强度上，还是从难度上，都是极大的考验。他们常常觉得自己就像没头苍蝇一样，总是四处乱撞，根本摸不着头绪。为了帮助小张和小王尽快进步，主管对他们俩特殊照顾。每天傍晚夕会之后，主管总是把他们单独留下来，让他们详细说说一天的工作所得和需要帮助的地方。对于主管的特殊照顾，小张总是非常珍惜这个机会。他不但准备了一个笔记本写工作日志，还把自己的工作心得详细向主管汇报。当然，每次交流，他都会提出几个问题，从主管那里寻求答案和指点。每每得到主管的倾心指点，他总是说："谢谢主管，我有茅塞顿开的感觉。"和小张完全不同，小王每次对于主管的特殊照顾，都非常厌烦，因而总是敷衍了事。尤其是当遭到主管批评时，小张是非常谦虚地接受，并且马上进行自我反省。小王呢，有的时候公然以鄙夷的态度面对主管的批评和指责，根本不想改变自己。对于小王的态度，主管心知肚明。

渐渐地，主管不再特别照顾小王。对于主管而言，拿出宝贵的时间来指点下属的工作，也是一种付出。如果这份付出得不到感恩，他当然也不想继续下去。但是，对于态度谦恭的小张，尤其是当小张主动向主管请教时，主管依然知无不言，言无不尽，恨不得把自己近年来的所学都教给小张。转眼之间，三个月过去了。曾经站在一条起跑线上的小张和小王，彼此之间拉开了巨大的差距。如今的小张，俨然成了新秀，已经签约好几单，而小王却依然和刚来的时候一样，每天无所事事地混日子。在三个月试用期满之后，上司遗憾地对小王说："事实证明，你并不适合这份工作。作为销售人员，每个人都应该怀着空杯心态，努力学习，积极进取，才能获得最佳的表现。你被辞退了，祝你找到合适的工作吧！"说完，上司又开始宣布公司对小张的奖励——韩国五日游。原来，小张作为新秀，被公司树为标杆，得到公司的奖赏。

在这个事例中，小张和小王原本是站在同一起跑线上的。然而，三个月试用期过去，小张取得了突飞猛进的进步，小王却依然原地踏步。所谓职场，就是进步与退步都是相对的。小王的维持现状，在小张进步的反衬下，就变成了落后。小张作为新人，是如何实现巨大进步的呢？从上述事例不难看出，小张珍惜上司对他的每一次批评。正是因为虚心接受上司的批评，努力争取进步，小张才有了质的飞跃。如今的小张，就像长出了翅膀一样，一定能够在职场上得到更加广阔的发展空间。

任何时候，我们都要尊重上司提出的宝贵意见。只有爱护我们的上司，才会不辞劳苦地给我们提出中肯的意见，才会在我们犯错误时不怕得罪我们，对我们进行严肃的批评和指责。前进的路上总是充满荆棘，我们唯有更加努力，才能披荆斩棘，勇往直前。

以牙还牙是蠢货，以德报怨才能助你赢得人心

生活中，总是充满着各种各样的误会，职场也是如此。虽然大部分上司都是英明神武的，但是也有些上司因为一时糊涂，做出错误的决定，甚至委屈自己的下属。对此，如果你是下属，你会怎么做？是以牙还牙，自此与上司势不两立，还是以德报怨，在上司得知真相向你道歉时，理解和体谅上司，在上司心目中树立你的高大形象？总有些从不愿意吃亏的人，哪怕受到一点点的委屈和误解，也会马上寻找机会报复。其实，做人应该心胸开阔一些，这样才能拓宽自己的人生之路，帮助自己把未来之路走得更加平坦顺达。

有一定职场生存经验的人都知道，被上司误解甚至冤枉、误骂，是职场上常有的事情。尤其是很多能力超强的上司或者领导，脾气也都是非常暴躁的。他们动辄就对下属拍桌子砸板凳，甚至还会以江湖人的习气把下属骂得狗血喷头。同时，也因为老板是公司的天，上司也往往处于一人之下万人之上的地位，因而更加自我，很少顾及到下属的情绪。当然，职位越高，承担的责任和承受的压力也就越大，这是职场上的通用法则，尽人皆知。想一想你在参加高考时的样子吧，一定是非常焦虑，甚至对父母都大声呵斥。由此想来，作为肩负着全公司若干员工命运的上司或者老板，脾气大一些也是情有可原的。恰恰就有些下属，在遭受老板的误解之后，始终耿耿于怀，无法释怀。他们或者找机会报复上司，或者愤怒地辞职，不再与这样的老板或上司打交道。第二种做法是个人原则问题，无可厚非。但是第一种做法则完全不可取。试想，你就是那条胳膊，既然选择留下来，又为何要与上司这条大腿拧劲呢！既然留下来，就要安之若素。当你的业务能力得到提升，总是能圆满地完成上司交代的任务，只怕你让上司斥责你，上司也舍不得粗鲁地对待自己的大将呢！由此可见，根源还是在我们自己身上。如果是误解，则我们更应该原谅上司。人非圣贤，孰能无错呢？上司也是人，也有明察不到的时候。在这种情况下，与其以牙还牙对待上司，不如以德报怨，更容易赢得上司的尊重和赏识。

还没走进老板的办公室，苗苗就听到老板的咆哮声："你们都是饭桶吗？！这样的设计，也敢交过来给我看，就凭你们的死脑子，也能当设计，简直是天大的笑话。今天下午五点以前，我必须看到让人耳目一新的创意和设计，不然，你们就都给我走人。"苗苗轻轻地敲了敲门，在老板应声之后，轻手轻脚地走进办公室。这时，老板对着面前的几个人说："现在，都给我赶紧去该干吗干吗！我怎么招来你们这些废物！"

看到苗苗走进来，老板马上调转火力，对苗苗说："你怎么才来？难道从你的工位走到我这里需要半个小时吗？"说着，老板把苗苗昨天下班前交上去的策划案"啪"地摔到桌子上，说："这个策划案，你觉得符合客户的要求吗？这样的策划案，能通过客户的考核吗？客户明明说喜欢浅色的基调，你却弄得大红大绿，完全是驴唇不对马嘴嘛！"苗苗小心地拿起策划案，看完之后对老板说："老板，这个策划案是给那个儿童餐厅设计的，不是给那个主题餐厅设计的。主题餐厅的策划案，我昨天刚刚和您讨论过，约定是明天才交。"听到苗苗的话，老板不由得有些不好意思，他马上降低音量说："哦，不好意思，太抱歉了，我弄混了。我还以为这个是主题餐厅的呢，我还纳闷你怎么设计得与客户要求相差这么远呢！"苗苗笑着对老板说："没关系，老板，您每天都要经手很多策划案，还要因为我们工作烦心。您看看这个策划案吧，有不满意的随时叫我。我现在去抓紧时间完成主题餐厅的策划案，客户一周之内就要要呢！"老板听到苗苗的话，羞愧地说："哎，我是个暴脾气，让你们跟着我都受委屈了。"苗苗笑着离开办公室。从此之后，老板每次见到苗苗都很客气地说话，即使苗苗的策划案不能让他满意，他也总是非常耐心地告诉苗苗应该注意哪些细节，如何修改。苗苗暗自庆幸：我真是因祸得福啊！

面对老板的误解和歉意，苗苗并没有得理不饶人，而是宽容大度地表示了对老板的谅解。这样的做法，既给足了老板的面子，让老板在尴尬之余有台阶可下，也表明了苗苗为人处世的高明之处，让老板在之后的工作中，再也不好意思对苗苗粗言恶语了。事实就是这样，如果我们总是和别人睚眦必报，那么别人也会这样对待我们。如果我们以宽容和博大的胸怀接纳他

人，他人也会给我们同样的回报。总而言之，与他人相处时，我们一定要秉持"己所不欲，勿施于人"的原则，站在他人角度为他人考虑，这样我们的人际关系才会更加和谐融洽。尤其是面对上司无意之间犯下的错误，千万不要因为上司平日里对你非常严厉，你就揪着上司的小辫子不放。这样的情况下，恰恰蕴藏着改善关系的好时机。只有抓住时机以德报怨，才能缓和你和上司之间的关系，让你与上司的关系更亲近一步。

勇敢承担责任，才能博得上司真正的认可

在职场上，不可能所有的工作都能够圆满的完成。那么，当工作的情况无法让上司满意时，面对上司的咆哮，我们该怎么办呢？其实，上司的关注，不管是出于赞赏还是因为批评，对于我们而言都是一次难得的表现机会。因此，如果你能抓住机会表现自己，则反而能够扭转局势，把坏事变成好事。相反，假如你一味地推脱责任，为自己辩解，那么上司很有可能对你形成恶劣的印象，再有艰巨的任务也就不愿意交给你承担了。

人出于本能，在遭到批评时会情不自禁地开展防御模式。尤其是面对上司的批评，因为与自己的职业命运息息相关，所以作为下属更是会据理力辩，竭力为自己开脱。殊不知，这样的反应恰恰是上司不想看到的。现代职场，责任划分非常明确，每一项工作都有其对应的负责人。也因此，追责现象在职场上很常见。当被上司追责时，聪明的职场人士绝不会百般推脱，而是勇敢地承担责任，从而借此机会在上司面前表现自己勇于承担责任的一面，让上司看到自己的气度和做好工作的决心。其实，上司心知肚明，每一个员工都有可能犯错。这些错误，恰恰是公司培养员工走向成熟的代价。既然已经付出了代价，上司当然不想再失去成熟的员工，因此，上司追责其实是为了帮助下属更好地成长，而并非是为了陷害或者诋毁下属。明白了这一点，你是否不再紧张上司追责了呢！

发怒的上司就像是一头咆哮的狮子，面对上司，新进公司的小皮和小罗

着实感到很害怕。事情的起因是，上司在半个月之前交给他们一项任务。当时，上司并没有说要求什么时候完成，因此直到现在上司要工作成果，他们才意识到自己延误了工作。

上司很生气，说："你们这两个年轻人，做事怎么如此拖拖拉拉呢？这个任务，交给他人，也许十天就可以做完。但是现在已经过去半个月了，你们俩一起做，居然还没有完成。那么，你们可以告诉我你们每天都在干什么吗？"面对上司的质疑，小皮一声不吭，小罗却急着辩解："我们每天都在工作，数据的确是太多了，所以没有及时完成。而且，您在交代给我们工作时，也并没有规定完成的时间。有的时候，其他同事看到我们是新进公司的，也会让我们帮忙处理文件。"听到小罗的辩解，上司更生气了，质问道："这么说，你还有理了？上司交代的工作没完成，却帮其他同事做些无关紧要的工作，难道我告诉过你要当办公室里的活雷锋吗？"这时，小皮赶紧向领导承认错误，说："领导，您别生气了，我们知道错了。你能不能再给我们一天的时间，我们一定连夜完成工作。而且，这样的情况，我们保证以后再也不发生了，都是我们没有分清工作的主次，所以对您的工作安排执行不到位。您放心吧，明天早晨九点上班，你一定会在办公桌上看到我们的工作汇报。"听到小皮诚恳地认错，上司这才稍微消气。他说："好吧，明天早晨九点，我等着。"当天夜里，小皮一个人彻夜未眠，完成了工作，终于在次日早晨九点前，把工作汇报放在办公桌上。小罗呢，则一直在抱怨上司不近人情，自己也气鼓鼓的。

后来，上司看到小皮能够勇敢地承担责任，因而再有了其他任务时，经常交给小皮完成。在一次又一次的锻炼过程中，小皮迅速成长起来，很快就成了公司的业务骨干。小罗呢，由于他每次完不成任务都会找各种各样的借口，渐渐地，上司将他雪藏起来，他再也没有用武之地了。

面对一个勇于承担责任的下属，即使他犯了错误，上司也很乐意让他以错误为代价，换取成长。相反，面对一个总是推脱责任的下属，即使他能力很强，上司也不愿意再给他机会。由此可见，只有勇敢地承担起责任，我们才能得到上司真正的认可和赏识，也才能获得上司的器重和厚爱。要想成为

职场上的强人，我们就必须挺直腰杆，无所畏惧，肩负起属于自己的责任。

逃避不能帮助你找到理想工作，要学会化解冲突

曾经有职场"超人"，一年之间频繁跳槽，甚至达到了每个月跳槽一次的频率。对于这样的职场"超人"，可想而知他们的职业前途将会多么黯淡。大多数人跳槽都是因为什么呢？对于工作数年职业发展进入瓶颈的人而言，跳槽是为了寻求更好的机会。那么，几个月就跳槽的人，又是为什么呢？要知道，几个月的时间根本不足以了解一个行业，更无从真正适应一个公司。因此，他们的跳槽大多数是意气用事。经过采访可以得知，这些频繁跳槽的人之中，有很多都是因为不能适应公司，或者和上司无法融洽相处，还有的是因为和同事之间有了不可调和的矛盾。难道换一家公司，就一定会拥有慈爱的上司、良好的工作环境和友善的同事吗？现代职场竞争如此激烈，每家公司里都是一个萝卜一个坑，从来不会养着闲人，也因此，同事之间的竞争也异常激烈。尤其是销售人员，彼此之间一定要有竞争，才会发挥各自的潜能，最大限度地为公司创造效益和利润。那么，逃避并不能解决任何问题。因为你即使换了十家公司，也依然不能让自己完全满意。既然如此，除非万不得已不要跳槽，因为跳槽并不能解决任何问题。

我们常常羡慕那些在一家公司工作很长时间，既有经验又有资历的人。他们显然已经成为公司里的元老级人物，不管有什么好机会，都能够优先得到。但是我们却不知道，曾经初入职场的他们，也都曾经遭遇过难堪和尴尬。但是，他们选择留下来，留在这个行业，留在这个公司。他们肯定也曾遇到不赏识他们的上司，还和讨厌他们的同事艰难地相处，他们甚至也想过要逃避，换一家公司，但他们最终还是留下来，熬过这段艰难的时期。直到最后，他们与上司相处愉快，又以超强的工作能力征服了同事，从此海阔天空，一帆风顺。想当初，如果他们选择逃避，换到另外一家公司，只怕相同的经历会让他们更加不停地逃避，最终永远是那个初入公司的新人，永远也

无法实现自身的价值，也就没有了现在的地位和资历。由此可见，要想寻找到让自己满意的公司，最好的办法就是磨合。就像夫妻之间刚刚结婚也经常吵架一样，只有度过磨合期，夫妻的婚姻生活才能渐入佳境。虽然职场生活不同于婚姻生活，但是道理都是一样的。

最近，原本与上司相处还算不错的心心，因为与同事之间的利益冲突，对上司产生了很大的意见。心心是从事销售工作的，她的一个老客户被同事接待，并且成交了。在得知此事后，心心很不服气，因为公司是有规定的，任何人都不许抢其他同事的客户，必须严守作业规则。然而，心心当时正在休病假，这个同事接到她的老客户之后，连声招呼都没打，就擅自成交了。对此，心心知道真相后非常气愤，直接把此事投诉到上司那里。上司原本是很器重业绩优秀的心心，但是在心心休病假的这段时间里，抢客的那个销售员业绩突飞猛进，已经连签三单。为了活跃竞争气氛，上司很想把这个同事立为新标杆。

面对上司的态度，心心很失望地说："难道为了树立标杆，您就不需要坚持原则了吗？如果以后每个人都这样抢别人的客户，那销售工作岂不是要乱套了吗？"看到心心公然质疑自己，上司起初还是很有耐心地说："没办法啊，销售行业如果大家都好好好，根本不可能创造更好的业绩。只有存在激烈的竞争，业绩才能突飞猛进。我希望你也能理解我，我也知道那个抢客的同事人品一般，不过，这正处于非常时期呢！"心心依然不依不饶，上司终于也失去耐心，说："你这个人，怎么这么轴呢！你就不能想开点儿吗，简直是死脑筋。"心心也情绪激动地说："我就是死脑筋，我觉得公司的规章制度就应该严格执行。你不能因为他最近业绩好就公然偏袒他，我接受不了。"上司无奈地说："你能接受就接受，接受不了我也没办法，我可没有时间给你做思想工作。"就这样，心心与上司闹得不欢而散。眼看着病假就要到期了，上司问心心什么时候上班，心心原本想就此辞职，上司似乎看透了她的心思，说："有多大点儿事啊，你就要辞职。换个公司，难道就好了吗？我要是你，我就一定要留下来，跟那个抢我客户的人比个高低，看看谁笑到最后。"心心虽然并不认可上司的做法，但是觉得上司说的也不无道

理。为此，她再次整装待发，准备投入公司。她其实心里也对上司憋着一股劲：既然你只认业绩不认人，我也要用优秀的业绩征服你！

对于上司，心心从最开始的浪漫想法，到现在认清上司以业绩为标准的真面目，她不愿意为了这样的上司和同事辞掉工作，因为一旦辞职，损失最大的是她自己。她这几年来积累的所有资源，都会付诸东流。其实，心心的做法还是值得我们借鉴的。职场上，很多朋友都因为一时冲动辞掉工作，殊不知，换工作并非是解决问题的好办法。一味地逃避，只会让我们频繁地跳槽，最终使自己辛苦积累的资源成为一场空。像心心这样，意识到上司只认业绩之后，那就用业绩砸倒上司呗，自己也能挣到更多的薪水，何乐而不为呢？

第十一章

向不同的领导汇报，运用
不同的沟通方式

　　每个人的性格都是不同的，每个领导的性格也都是不同的。在职场上，和上司相处的时候，我们应该根据上司的性格，采取不同的沟通方式。要知道，性格不同的人对于同样的表达方式往往会产生截然不同的反应，由此可见，因人而异是非常重要的。尤其是在汇报工作的时候，领导对我们的判断往往会影响我们的职业生涯，因而更要慎重。

上司性格各异，深入了解信息才能回答流畅

每个上司都有自己的性格特征，正如这个世界上绝对没有两片完全相同的树叶一样，这个世界也绝对没有两个性格完全相同的上司。然而，职场就像军营，人事的变迁是非常常见的。很多时候，你跟随一个上司几年的时间，他也许晋升，也许因为其他的变故离开公司，你不得不学着适应新的上司。因此，要想在职场上游刃有余，了解上司的性格是很有必要的。不管怎么说，上司也是人，也有七情六欲，也有私人生活中的烦心事。显然，要想做到完美地汇报工作，仅仅了解上司的性格也是不够的，还应该深入掌握上司的全面信息，这样在面对性格各异的上司时，对于上司无厘头的提问，你才能应答自如。

在工作中，很多人之所以得不到上司的赏识，就是因为他们做事浅尝辄止，不能进行全面深入的渗透。要知道，很多事情并非我们所看到的那么简单，要想避免片面，我们就必须尽量掌握更多的信息，这样才能进行准确的判断。这就像是一座冰山，露出海面的仅仅是冰山一角。唯有深入海平面以下，我们才得以见到冰山的真面目。同样的道理，当你以冰山一角的内容来回答上司时，肯定不足以过关。唯有保持认真谨慎的态度，从全局看问题，你才能流畅地对上司的任何疑问对答如流。

对于郑总，只有小米能搞定。在公司里，大家都说郑总是怪人，都不愿意和他打交道。的确，郑总是做技术的，因而思路总是飘忽不定，也许前面正在问你这个工程的预算是多少，马上就又会问你晚上准备吃什么晚饭。前前后后，郑总换了七八个秘书，都被郑总的神思泉涌吓跑了，唯有小米，还算勉强能入得郑总的法眼。

在上任之前，小米已经对郑总飘忽不定的思绪有所了解，因而也做了一定的准备。小米的应对策略就是尽量掌握信息，这样不管郑总提问什么，她都能回答出来。例如，小米上任之后第一次汇报工作，就把手里的所有工作都清楚地复习了一遍，并且牢牢掌握。初见郑总时，他看起来还挺和善，笑眯眯地问小米："你是哪里人啊？"小米如实回答，郑总又问："周一要进行的项目研讨会，你准备了哪些资料？"因为提前进行了预习，小米对答如流，说出了一连串的人名、书名等。突然，郑总话锋一转，问："你觉得做好秘书的工作，必须具备哪些技能？"小米想了想，认真回答道："秘书就是辅助领导工作的。因此，秘书一定要面面俱到，任何和领导有关的事情，秘书都要关注。从这个方面来看，秘书不会是特别专业型的人才，而更加倾向于具备综合能力。比如郑总如果有私人问题需要帮助，我作为秘书也是在所不辞的。"对于小米的回答，郑总显然还算满意。他微笑着连连点头，不再提问了。看到郑总埋头专心地查阅资料，小米为郑总冲了一杯咖啡，就离开了。随着工作时间的增长，小米渐渐了解了郑总的脾气秉性，因而在郑总跳跃着提问时也就不觉得惊讶了。看到小米和郑总磨合得这么好，同事们都佩服不已，小米却淡然地说："其实郑总只是思维比较活跃而已，如果尽量掌握全面的信息，也就不会被问倒了！"

在这个事例中，很多秘书都被郑总淘汰了，只有小米留了下来。这是因为小米事先了解了郑总的性格，而且也知道郑总说话喜欢天马行空。为了应对郑总随时可能的提问，小米只好笨鸟先飞，提前预习内容，以求让郑总满意。

每个人都不可能完全符合别人的心意，我们也同样，因此我们也就不能要求别人完全符合我们的心意，更何况这个别人还有可能是我们的顶头上司呢。作为下属，如果遇到的上司不投缘，那么只能改变自己，尽量让自己符合上司的需求，适应上司的工作风格。这样的做法，才是明智的做法。

面对结果导向型领导，不要强调理由

所谓结果导向型领导，顾名思义，就是以结果为导向的领导。这样的领导，更注重结果，而不太讲求过程。即使你在完成工作的过程中非常轻松，他也不会因此小瞧你的工作成果。反之，即使你完成工作的过程无比艰辛，他也不会因此怀疑你的能力。总而言之，只要你最终圆满完成了工作，他就会给予你中肯到位的评价。不过，结果导向型领导也有一个弊端，即他们不会因为你过程的艰难，就原谅你结果的不尽如人意。在他们眼中，一切过程都不足以与结果相抗衡。因此，在向这样的领导汇报工作时，如果任务圆满完成，你当然可以说些过程中的艰辛之处。但是，如果你的任务没有完成，则千万不要过分强调理由和困难。在结果导向型领导眼中，一切困难和理由都是借口，当然也就不能让他接受你没有完成任务的事实。因此，对于这样的领导，要及时反思自己，努力提出更加合理化的建议和切实可行的方案，才是最重要的。

这就像是孩子考试。有些父母，不会管考试的题目是简单还是难度很大，而只在乎孩子考了多少分。他们也不关心孩子在平日的学习过程中是否吃力，更不管孩子在考试前夕是拿出大量时间来进行复习，还是每天都在疯玩。只要最终的分数让他们满意，他们很少关心其他的东西。职场上，不乏这样的领导。对付这样的领导其实很简单，只要你圆满完成工作，他们就会认可你。当然，如果没有完成工作，说再多的借口和理由，都毫无用处。这样目标单一的领导，往往要求下属具有很强的执行力。如果你是一个积极主动的下属，在这样的领导带领下工作，显然会很自由。你可以自己安排工作进度，只要最终圆满完成任务即可。

前段时间，领导安排了一个项目给那一负责。那一已经进入这家公司三年了，不管是工作能力还是工作经验方面，都足以承担这个项目。然而，事情就出在甲方身上。作为乙方代表，那一和甲方的代表丁宇在很多细节方面都无法统一，最终导致那一的项目出现延误。

比如说昨天进行的混凝土浇灌，那一原本看到天气要下雨，建议等到今天再开始。但是丁宇偏偏坚持说天气预报没有雨，因而仓促进行浇筑。结果，浇筑进行到半途，果然天降大雨，影响了浇筑的效果不说，还导致几个工人因为冒雨作业都摔倒了，还有个摔伤严重的进了医院。对此，领导非常不满意，质问那一是怎么安排工作的。那一百口莫辩，但也不能什么都不说啊。为此，她只好无奈地告诉领导："甲方的代表丁宇，实在是很难沟通。本来我都说了天气好像要下雨，但是他非得固执己见。这下子好了，好几个工人摔伤，工程进度也受到影响。"领导瞪着那一，说："难道你没有责任吗？作为乙方代表，你理应对项目的进度和质量负责，更要对现场的工人安全负责。但是你明明意识到危险，却没有坚持自己的原则，坚决制止，我想，这不仅仅是丁宇的意气用事导致的。如果你不能代表乙方，那我只能考虑换人。而且，你也不要和我陈述原因，我不想知道原因，也不想了解经过。我，只要结果。"领导的这番话，说得那一面红耳赤，她赶紧表态："知道了，领导。您放心，接下来的工作我一定严格把关，绝对不会再出现这样的情况。至于工期问题，我也会主动带领工人们加班加点赶上来的，一定按时交付。"听到那一这样的回答，领导总算感到欣慰些了，嘴角露出了一丝笑意。

在这个事例中，领导是非常典型的结果导向型。他最注重结果，而不太在乎事情的经过。尤其是面对不尽如人意的结果，当那一为自己辩解时，他马上就表现出明显的不悦，这是很多结果导向型领导的典型特征。在这种类型领导的眼中，如果结果不合格，那么一切都是空谈。幸好那一非常机灵，她看出领导的不悦，没有继续辩解，而是为自己立下了军令状。这时，领导才因为可以预期的结果露出微笑。

在职场上，你们也曾经遇到过结果导向型领导吗？当陪伴在这种类型的领导身边工作时，一定要等到成功了再阐述过程的艰难，否则在结果不能令人满意的情况下，你所说的一切都会被领导当成是牵强的借口。

面对互动型领导，你可以畅所欲言

就像普通人的性格有内向和外向之分一样，领导的风格也是不同的，也有内向和外向之分。有些领导在听取下属汇报工作时，总是阴沉着脸，脸上没有任何表情，让下属心里不停地嘀咕，无法断定领导一会儿听完汇报之后，是阴天还是晴天。有些领导则恰恰相反，他们很喜欢当面听下属汇报工作，而且还会非常积极地参与其中，时不时地就问下属一些问题，从而及时与下属沟通。毫无疑问，这样的领导是积极外向的领导，通常情况下比较好沟通。面对这样的领导，你完全可以毫无顾忌地畅所欲言，把自己对于工作的感受和设想，都与领导尽情交流。毕竟，在日常工作中，我们很少有机会与领导进行一对一的交流，那么借着汇报工作的机会，真是千载难逢。如果你能把握好这个机会好好表现自己，把话说到领导心坎里去，那么领导一定会对你刮目相看，说不定你的职业生涯也会有所转折呢！

我们常常会有这样的体验，即一个人自言自语时，往往说不了几句，就再也没什么好说的了。因此，面对内向型领导，总是阴沉着脸严肃地听你说话，你一定觉得心里打鼓。如果采用书面汇报的方式，也有很多人不愿意完成长篇大论的汇报，因为觉得言之无物。但是当面汇报，且领导积极回应你时，情况则大为改观。所谓对话，就是有来有往。人们常说抛砖引玉，在你与领导交流的过程中，也许领导的某句话恰恰触发了你的灵感，让你滔滔不绝，口若悬河，这就是抛砖引玉。从这个角度来看，遇到一个积极互动的领导，是身为下属的福气。当然，领导喜欢互动也有弊端，即领导很有可能抛出一个你无法回答或者没有能力回答的问题，在这种情况下，看着张口结舌的你，领导未免会怀疑你的工作没有做到位，也不够深入。因此，在你去向互动型领导汇报工作之前，一定要把准备工作做好。只要尽量掌握全面信息，深入探究问题，你才有可能对领导抛出的每一个问题都应答如流。

对于乔乔而言，每次去找领导汇报工作都是一场考验。原来，乔乔的主管宋主任，是一个非常外向的人，也很好相处。不管是哪个下属汇报工作，宋主任都会抓住机会，与下属畅聊一番，尽量掌握更多的信息。然而，乔乔偏偏每次看到宋主任都会莫名地紧张，如此一来，原本平易近人的领导在乔乔心里也就变得不那么可亲了。

宋主任不但平易近人，而且特别关心新员工。有一次，乔乔又硬着头皮去汇报工作。宋主任看到乔乔走进来，笑着问："乔乔，最近工作感觉怎么样啊？"乔乔支支吾吾地说："还行，还行！"她把工作汇报放到宋主任的桌子上，就想溜走。这时，宋主任突然说："乔乔，听说你是个羽毛球高手。周末有空吗？咱们切磋一下。"听到宋主任的话，乔乔很惊讶，问："您……您也爱打羽毛球？"宋主任哈哈大笑起来，说："当然啦，你问问办公室里那几个喜欢打羽毛球的，哪个不是我的手下败将。"听到宋主任说起羽毛球，乔乔才放松一些。后来，宋主任又问了一些乔乔关于工作的事情，乔乔也就不那么紧张了。这次，乔乔居然不知不觉和宋主任谈了一个多小时。最后，宋主任才说："看来，你不紧张的时候还是很健谈的！我得感谢那个让我和你探讨羽毛球的人，是他让我找到了与你相处的方法。以后就再也不要紧张了，我又不是老虎嘛！你可以把我当上司，也可以把我当朋友，甚至还可以把我当大叔。总而言之，我不喜欢拘谨的关系，你只要尽量放松，对我知无不言，言无不尽，就是对我工作的最大支持。"听到宋主任的话，乔乔不由得笑了起来。从此以后，她与宋主任真的成了忘年交，就像朋友一样和谐融洽地相处。

在这个事例中，宋主任是典型的外向型领导，不但不摆领导的架子，还很喜欢和下属打成一片，说说笑笑。为了打开乔乔的心扉，让乔乔不再紧张害怕，宋主任的确花费了一些功夫。其实，对于互动型领导，最好的相处办法就是把他当成平等的同事和朋友，与其一起探讨很多事情，也畅所欲言地表达你的意见和想法。这样一来，他们就达到了目的，了解了下属的真实想法。

你，了解你的领导吗？你，知道你的领导很想了解你吗？任何时候，只有实现顺畅的沟通，你与领导之间的关系才会更加和谐和友好。理所当然，你也会更加轻松愉悦地工作。

高瞻远瞩地谋篇布局，才是整合型领导想要的

日常生活中，很多人在思考问题时只会从具体的细节出发，而且目光短浅，只注重眼前的短期利益。这样的人，总是不能做到把控全局。越是职位高的上司，越是更加注重对全局的把握。实际上，不管做什么事情都应该从全局出发，因为每件事情之间，包括一件事情的不同环节，总是存在着千丝万缕的联系。很多时候，看似不相关的人和事，或者是貌似没有联系的环节，反而是相辅相成，互相关联的。在这种情况下，上司的高瞻远瞩就起到了非常重要的作用。

职场上，我们常常会有这样一种感觉。一个人的职位不同，其思考问题的出发点也不相同。例如，作为下属，肯定只关心自己的分内之事，至于公司的成败，那是老总和高层领导才会考虑的问题。不过，有些上司不但自己是高瞻远瞩型的，也要求下属在工作时综观全局，不要仅仅局限在眼前的人或事，更不要被眼前的蝇头小利吸引，忘记了长远的规划和目标。的确，上司和下属之间是密切关联的，很多时候，他们是一荣俱荣，一损俱损的关系。为了帮助上司更好地开拓事业，作为下属，也应该全力以赴。要知道，只有上司得到升迁，你的职业生涯才会前途一片光明。

刘涛是一个很注重细节的人，总是对细节和一些具体的问题特别认真。在之前的上司那里，刘涛的工作态度和方式是很受认可的。因为前任上司也是个注重细节的人，他和刘涛的关注点非常相似。不过，最近刘涛的前任上司因为工作调动，去了另外一个城市。在他调走的第二天，刘涛和同事们就迎来了新上司。第一次汇报工作，刘涛就碰了一鼻子灰。

刘涛是做市场调研的。汇报工作时，刘涛重点统计了数据，而且进行了汇总。看到这些数据，新上司不由得皱起眉头，问："你为什么要给我看这些表格？"刘涛不知道新上司是何用意，因而老老实实地说："这就是我们最近的市场情况啊，您难道不想了解这些数据吗？"新上司不以为然地说："我为什么要了解这些数据，这明明是你们市场部的事情啊。作为你们的上司，我只需要你告诉我，我们现在的市场占有率是多少，未来将会达到多少。"刘涛很惊讶："那么，您不需要了解具体的数据吗？您不想知道我们计划如何提升市场占有率吗？"新上司缓缓地摇摇头，说："假如我对每个部门的工作都要深入了解，我肯定会被累死的。我想，我只需要知道你们工作的结果和未来的方向就可以。只要方向对了，再加上努力，怎么也错不了。我建议你以后也要站在全局看问题，虽然你负责市场调研，但是你只有跳脱出来，站在制高点往下看，才会一目了然。"听了新上司的话，刘涛有些不适应。他想：如果都交给我来做，万一出现错误，谁负责呢？新上司似乎看透了刘涛的心思，说："权力和责任总是成正比的。从现在开始，你的权限更大，你的责任也更大。作为市场部的负责人，我希望你能勇敢地把控全局。"在新上司的启发下，刘涛只得改变之前的工作模式，由谨小慎微，变得大开大合，俯瞰全局。

作为整合型领导，新官上任三把火，就是要把下属的工作思路调整过来，使其不再局限于具体而又精确的数字，而是能够在掌握基础数据的基础上，让自己站得更高一些，看得更远一些。唯有如此，眼光才能更长远。

所谓整合型领导，他们不想把握和纠缠于细节，只想从全局进行把控，然后把具体执行的权限都交给下属，使其拥有极大的积极性和主动性。这种类型的领导虽然前期也许会因为对下属把控不够，导致工作出现瑕疵，但是日久天长，等到下属逐渐习惯他们的工作模式之后，双方一定会工作得非常轻松而又愉快。

对于外向性格的领导，你一定要思维敏捷

生活中，外向的人通常都很喜欢说话，尤其喜欢向他人表达自己的意见和看法，同时也乐于倾听他人的意见。典型的外向型性格的人，最忍受不了的就是面对一个闷葫芦，不管他说什么，对方都毫无应答。而且，大多数外向型性格的人，思维都非常敏捷，遇到问题能够以最快的速度做出反应。因而，当你面对一个外向性格的领导时，无论你是内向还是外向性格，你都要

学会以外向的方式与其打交道，与其交流。其中，最关键的就在于一定要思维敏捷，跟上领导的节拍。

人和人在一起相处，最重要的就是要合拍。生活中，我们常常说和某人特别投缘，很对脾气，其实就是与其合拍的意思。合拍的人在一起，说能说到一起，玩能玩到一起，总之一切都让人感到那么满意。为此，我们也必须与领导合拍，这样才能给领导更好的交流体验。

由于大多数外向性格的人都是急脾气，因而很多外向性格的领导都不喜欢看书面汇报。对他们而言，看书面汇报不能做到及时沟通，一旦产生疑问，还得再找负责人过来沟通，是很麻烦的。因此，外向性格的领导通常青睐口头汇报。一则，语言的交流非常方便快捷，而且面对面的交流可以使他们在第一时间内就掌握相关的情况；二则，外向性格的领导都乐于沟通，在他们看来，与其看枯燥乏味的书面汇报，不如和下属当面尽情交流。不过，如果你是个闷葫芦，或者你的思维特别缓慢，那么你一定要注意调整自己，跟上外向型领导的思路。千万不要领导提问一个问题，足足三分钟之后，你才缓过神来给出回答。如果真的是这样，急脾气的外向性格领导一定会狠狠地批评你，还会对你表现出极大的不耐烦。

小梅是个反应很慢的人，包括平时说话，他都是慢慢吞吞的。这一点，在同样是慢性子的前任领导面前，被称为沉稳。如今，新领导新官上任，让每个下属都当面向他进行自我介绍和工作汇报。每个下属大概半个小时，轮番进入新领导的办公室。当轮到小梅时，足足五分钟过去，他连简单的自我介绍还没有进行完。新领导不好意思发火，就耐心地等着。结果，半个小时时间到了，小梅给他的信息量远远不足其他同事的二分之一。对于这样一个速度堪比蜗牛的下属，领导非常懊恼。

后来，有一次小梅找领导汇报工作。当时，领导正好准备参加一个重要的会议，因而明白无误地告诉小梅："你只有十分钟时间，十分钟以后我要去开会。"即便如此，小梅依然是温吞的语速，不急不慢地向领导陈述工作，还把遇到的一个突发情况，从头到尾讲了一遍。小梅刚刚说到一半，领导就毫不客气地打断他的陈述，说："时间到了。我觉得你自己的思维很不清晰，你应该整理好思绪再来向我汇报。另外，我希望你的语速至少提升一倍，不然我听你汇报工作非得急死。"说完，领导就走了，留下小梅一个人待在办公室，不知所措。后来，小梅特意找了一个语言培训班，帮助他提升语速。此外，他也有意识地锻炼自己的思维速度，不再放任自己慢慢腾腾地思考问题。如此一段时间之后，小梅的思维速度和语言速度都有了明显提升。虽然依然跟不上领导的"超音速"，但是比起他之前已经有了很大的好转。看到小梅如此努力地改变自己，领导也给予了他更多的耐心，并且还经常鼓励他再接再厉，一定要思维敏捷，口舌灵活。

对一个性格外向且思维敏捷的领导，如果你像蜗牛一样慢速，领导一定会觉得非常着急。既然我们是下属，理应努力地适应领导，那么我们当然不能抱怨领导说起话来就像竹筒倒豆子，而只能尽力改变自己。否则，因为说话慢、思维不够敏捷而丢掉工作，那就太可惜了。曾经有人觉得思维的敏捷与否完全是天生的，其实不然。很多时候，我们只有勤于动脑，脑子才会越用越灵活。人的脑子也像机器一样，如果长久不用，或者总是放纵它停滞不前，它就会越来越迟钝。从现在开始，让我们的脑袋也飞速运转起来吧，也许你很快就会遇到一个外向且思维敏捷的上司啊！当你和他一起超音速运转脑子时，他一定会觉得与你很合拍呢！

对于内向性格的领导，书面汇报是最好的方式

和外向性格的领导截然不同，内向性格的领导比较喜欢安静，思维也相对平缓，不会像外向性格领导那样思维快速跳跃，更不会与下属肆无忌惮地交流。对于内向性格的领导而言，他们更希望员工以书面的形式汇报工作。因为他们需要思考的时间和空间，不愿意自己的思绪被站在一旁插话的下属打断。为此，对于内向性格的领导，最好的方法就是以书面的形式汇报工作，等到领导审阅完并且经过认真思考之后，如果需要，再召见你进行面对面的交流。同样的，在安排工作时，内向性格的领导往往也惜字如金。他们

偶尔还喜欢以书面的形式下达工作的指令，即使需要说话，也是三言两语。因此，如果你曾经有一个外向性格的领导，如今又要与内向性格领导相处的话，一定要及时调整自己的工作思路和方式，以尽快适应内向性格的领导，达到他的满意。

和很多内向性格的人一样，内向型领导的思维也相对缓慢。书面汇报，一则可以给领导充分的时间和空间思考，二则也可以让他们更加从容。相比之下，带有急迫性的当面汇报方式因为要不停地进行语言的交流，使得他们一心二用很不习惯。为此，对于内向性格的领导，不如使用文字。从另一个方面来说，文字的冲击力也小一些。如果有很多尴尬的话题，内向性格的领导往往抹不开面子，用文字来表达，隐藏在文字背后，也能使他感到比较舒服。总而言之，对于内向性格的领导，如果你是竹筒倒豆子似的外向性格，千万不要肆无忌惮地对着领导倾诉或者抱怨，不然虽然他们表面上看不出有何异常，心里一定会波澜起伏。总而言之，针对领导的不同性格，我们必须采取相应的办法，才能帮助自己的工作汇报尽善尽美，起到事半功倍的作用。

小张所在的部门来了个新领导，是学习法律专业的。但是，这个新领导显然没有律师的风范，他很沉默。在第一次与部门里的全部同事见面的场合，新领导说得很简单："我叫金东，请大家多多关照。希望我们在一起工作的日子，能够为公司创造辉煌，也为我们的人生创造辉煌。"如此简单而又简短的开场白和见面致辞，大家都觉得有点儿不适应。

未来一起工作的日子，更加证实了新领导是非常内向的。每次开会，他都只说几句话，堪称惜字如金。有的时候需要安排工作，他或者用微信，或者用邮件发送工作的文件和详细要求等。总而言之，大家似乎都感觉到新领导是非常内向的。有一次，小张因为工作上的事情，想和新领导谈一谈。小张先给新领导发了微信，问他什么时候有时间，新领导居然给小张回复：邮件说明。的确，对于这样不急不缓的问题，用邮件说明是很好的选择。小张乖乖地给新领导写了一封邮件，出乎他的预料，新领导居然给他回复了一封邮件，且长达十几句话，针对小张提出的问题表明了他的立场和观点。这个发现让小张很惊喜，原来，新领导更喜欢书面表达。对于书面汇报的形式，小张是很擅长的。只不过因为前任领导特别外向，不喜欢看长篇大论，所以小张渐渐适应了当面汇报。如今，新领导喜欢书面汇报的形式，小张自然不会错过这个和领导沟通的好方式。后来，不管工作上遇到什么问题，只要不是必须当即解决的，小张都会以邮件的形式和新领导沟通。随着邮件越写越多，小张和新领导的关系也越来越融洽。

在新领导的指导下，小张找到了和新领导沟通的最好方式：书面汇报，邮件发送。这样，既能照顾到新领导内向的性格特点，又能够及时沟通，而且文字相比较当面汇报，有更大的生发空间，也让人觉得更加平和和可亲。就这样，小张以邮件汇报得到了新领导的赞赏和喜爱，职业前途一片光明。

其实，每个领导都有自己的性格特征。就像我们和朋友相处时，要考虑到朋友的性格特点一样，在和领导相处时，我们也同样要针对每个领导的不同性格，采取不同的方式方法。要想达到事半功倍的效果，就必须因人而异。

,

　　虽然在成功的道路上是没有捷径的，但却有很多技巧可以帮助我们起到事半功倍的效果。当你掌握了这些技巧，会觉得轻松许多。尤其是对大部分职场人士而言，汇报工作是非常劳神费力的一件事情，但如果掌握技巧，抓住重点和要点，则可以轻轻松松让上司满意，也给自己的职业生涯带来更多的机遇。

学会合理使用权限，不要事事都汇报

上司喜欢什么样的员工？也许你会毫不犹豫地回答，上司最喜欢听话的员工。事实并非如此，假如员工过于听话，甚至达到上司如果不下达明确指令，他就不知道如何进行工作的言听计从的程度，那么未必能够得到上司的赏识和认可。在现代职场上，每个人的分工都是非常明确的。即使你是最基层的员工，也有自己的权限和职责范围。在这种情况下，千万不要总是大事小事一概而论地向上司汇报。要知道，上司除了听你们的汇报之外，还有自己的工作需要处理。倘若你对于自己职责和权限范围内的工作也找上司汇报，等着上司给你拿主意，承担责任，那么上司岂不是太辛苦了。最优秀的员工，是该汇报时就汇报，不该汇报时，一定有能力撑起自己的一片天空，不要让上司徒然承担你的工作。

有些员工非常胆小，因而总是害怕承担责任，这也是他们频繁向上司汇报的原因。然而，换个角度来想，假如上司管辖着几十名员工，如果每名员工对于自己的分内之事都要叨扰上司，那么上司一天之内一定不用再做其他事情了，就连不停地替员工解决问题都会令他感到力不从心，分身乏术。一位高明的上司，会给予下属很大的权限，从而培养下属独当一面的能力，也可以使他自己从束缚中挣脱出来。对于这样的上司，下属一定要审时度势，千万不要频繁汇报。否则，上司一定会觉得你能力有限，不足以担当重任。

邱特刚刚跳槽来到这家公司，因此工作上处处小心，生怕犯错。再加上他以前单位的上司是一个控制欲很强的人，而且非常注重细节，因此邱特在跟随前任上司的几年中，养成了谨小甚微的作风。不管做什么工作，也不管是否能够独立处理，任何决策都会第一时间向上司请示，以得到上司的支持。到了这家公司之后，邱特没有意识到应该根据现任上司的性格和工作作风调整自己的工作风格，因而他依然大小事情全都汇报，然后再开始执行上司的旨意。不承想，如此一个多星期之后，当邱特再次敲响上司办公室的门，问："林总，那我就按照咱们之前商定的，给合作方打款啦。"林总抬起头，不解地看着邱特："怎么，对于这件事情你还有什么异议吗？还是你需要我给你下个书面函才放心呢？！"听到林总的语气有些愠怒，邱特赶紧解释："我不是这个意思，只是再和您确认一下。"这时，林总叹了口气说："邱特啊邱特，你虽然刚进我们公司，但也已经是个老职员了。难道你自己就不能独立处理分内的工作吗？你看看，自从你来了，我办公室的门一天至少被你敲五六遍，我连专心地看一份文件的时间都没有，总是被你打断。你看看其他同事，他们为什么就能好好地做自己的事情，不总是来打扰我呢？"邱特被林总说得满脸通红，不好意思地告辞了。

果然，邱特观察了身边的同事，发现他们在工作的时候很少去向林总汇报。邱特纳闷地问相邻工位的马伟："马哥，难道你工作的时候不向林总汇报吗？关于工作的进度和情况，不是应该每天都汇报吗？"马伟笑了，说："为什么要汇报啊，这也太烦了吧。我们很少汇报，除非遇到自己解决不了的问题，或者是遇到的问题超出我们的权限时，才去找林总呢！而且，林总啊，特别不喜欢别人打扰他，他曾经说，他最大的心愿就是希望自己的每一个下属都能独当一面。"听了马伟的话，邱特恍然大悟。在此之后，尽管他还不太习惯自由自主地工作，但也总是尽量提醒自己不要再去打扰林总了。看到邱特最近不总是敲响办公室的门了，林总也觉得很欣慰。

有些上司的控制欲非常强，恨不得下属每天向他汇报三次工作，这样他就能足不出办公室就了解和掌握工作的具体进度和进程。然而，有些上司则恰恰相反。他们本身工作就很繁忙，而且下属很多，因而根本不希望下属每有一点点小事，就向他们汇报，征求他们的意见。他们和事例中的林总一样，最大的心愿就是每一个下属都能独当一面，这样下属就不用总是找他解决问题，请示各种事情了。

朋友们，对上司言听计从的下属诚然不会犯太大的错误，但是如果不分大事小事，事事都向上司汇报，一定会让上司不堪其扰。归根结底，管理的最终目的就是让管理者自身从繁重的工作中解脱出来，倘若逢事必报，则管理就是失败的，这和管理者亲力亲为并没有太大的区别。从现在开始，在拿到上司赐予的尚方宝剑之后，我们一定要合理使用自己的权力，在权限范围内尽量独自解决问题。这样的下属，才是真正受到上司欢迎的下属。

汇报工作要条理清晰，保证重点突出

很多人在汇报工作时，虽然滔滔不绝地说了很长时间，却颠三倒四，根本没有突出重点，也没有一定的思路作为指导。还有些人在进行书面汇报时，尽管洋洋洒洒地长篇大论，但是却眉毛胡子一把抓，根本做不到条理清晰，也不知道自己最终想表达的是什么。对于这样的工作汇报，不管是以口头的形式，还是以书面的形式，都很让人抓狂。作为上司，花费了时间和精力，在倾听或者审阅之后，根本无所收获，甚至对于自己想要了解的内容都更糊涂了。如此一来，费尽心力的下属虽然出了力，却最终不落好，反倒还有可能被上司埋怨。归根结底，都是因为他们没有厘清思路，也没有做到有目的地表达中心内容。

所谓重点突出，要想做到这一点，一定要避免泛泛而谈。每一项工作都有很多无关紧要的细节和凌乱的过程，然而，我们在汇报时不能原原本本地照搬过来。如果一份工作汇报不能突出重点，就会让上司觉得杂乱无章，毫无头绪。最简单的办法就是，开门见山，直接表达自己的中心意思。通常情况下，为了使汇报更加生动具体，你可以以工作的精彩环节或者是突出成绩作为引子，通过陈述事实，然后再对其进行分析、总结，最终得以升华。这样的开门见山，不但能避免混乱，也能展现你工作最出色的地方，从而加深上司对你的好印象。不管你采取口头汇报，还是书面汇报的方式，一定要首先确定汇报的目的。有些人汇报工作，是为了表明自己的功绩，有些人汇报工作是为了让上司了解工作的进展，还有些人汇报工作，只是为了写清楚失误的地方，进行自我检讨。总而言之，不管你是出于哪种目的，一旦确定下来，在汇报过程中就要围绕目的进行，千万不要顾左右而言他。只有精彩到位的工作汇报，才能帮助你在上司心目中树立良好形象，也才能让上司认识到你的工作能力和为人品性，从而更加赏识和提拔你。

小敏是一名小学老师，每年学期期末时，校长都要求写工作汇报，或者也叫年终总结。此前在公立学校任教时，小敏和大多数老师一样，都是敷衍了事，拿出去年、前年或者其他老师的年终总结，稍微改改就交上去了。因为校长拿到这些年终总结也并不认真去看，这些总结实在是典型的千篇一律。然而，今年小敏调到私立学校了。刚调动过来时，小敏觉得挺不适应的。非常明显的改变是，私立学校的工作节奏非常快，几乎没有闲着的时候。从公立学校调过来的小敏，几乎觉得自己一天的工作抵得上以前三天的工作量了。最关键的是，私立学校真的就像是军营一样，校长的命令不能再被当作耳边风，而必须严格执行，不能打任何折扣。

好不容易过了半年时间，小敏才适应了这样的工作节奏。眼看着期末将至，原本小敏以为私立学校不会搞形式主义，不会要求写年终总结。不想，办公室接到通知，三天之内，每位老师都要上交不少于2000字的年终总结。看到这个通知，小敏彻底蒙了。她又不好意思问其他同事怎么写，只好拿出自己在公立学校时写的年终总结，开始改写。才两天，大家就都把年终总结交上去，校长用了一个多星期才看完。然而，看完之后，校长就召见小敏，问："李老师，你这份年终总结是怎么回事？我看不到任何有意义的内容，通篇都在说大话套话，而且有无病呻吟之嫌疑。难道你作为一名资深教师，不知道如何总结自己一年的得失吗？在我们学校，年终奖都是与年终总结挂钩的，如果你不能客观中肯地评价自己，我只能遗憾地告诉你你与年终奖无缘。"听到校长的话，小敏大吃一惊。她根本没想到年终总结的作用居然这么大，因此她嗫嚅着说："校长，实在对不起。我想，您能不能给我一份年终总结看一下，因为我之前的年终总结都是这么写的。"校长不客气地说："别人的年终总结写的是他们自己一年的劳动和收获，与你无关。你应该对

自己的工作情况心中有数，还是据实写吧。"这次教训，留给小敏深刻的印象。从此之后，不管什么工作汇报，她再也不敢采取敷衍了事的态度了。

在这个事例中，小敏的年终总结是十几年流传下来的，没有任何新鲜的内容。对于从不看教师年终总结的前任校长而言，也许这份总结就可以蒙混过关。但是当工作汇报要和年终考评联系到一起时，显然每位老师都应该对自己负责。在这里，年终总结的作用其实就是教师的自我评价和自我认知。在结合教师对自己的年度总结的基础上，学校再具体衡量每位教师的工作表现。只有这样，年终总结才是到位的。

职场上，每个人对于自己的工作都应该有中肯的评价。不管是阶段性汇报，还是年度性汇报，我们都应该采取谨慎的态度，客观中肯地评价自己。任何时候，只有自己准确评价自己，别人才能给予你应得的认可和赞赏。由此可见，汇报工作是多么严肃的事情，每个人都必须谨慎对待。

汇报工作无须长篇大论，言简意赅最好

在职场上，有些人逮住汇报工作的机会，不管是口头汇报，还是书面汇报，总是说个没完没了，或者写出长篇大论。其实，汇报工作并非越繁冗越好。真正到位的工作汇报，虽然三言两语，也能说清楚重点内容，让领导听完或者看过之后，就能准确明白你想传达的意思。相反，即使说得再多，或者写得再多，如果不能条理清晰，做不到重点突出，那么只会让领导越看越糊涂，甚至心生厌烦。

汇报工作无须长篇大论，用言简意赅的文字，准确表达要点，才是最重要的。现代职场最讲究效率，不管做什么事情，都应该以效率为重。在有限的时间里，创造最大的个人价值，也为公司创造最大的效益，这样的员工才是最受欢迎的。尤其是对于私营企业，一个萝卜一个坑，每个人都需要履行自身的职责，尽到工作的责任。否则，你的存在对于公司就是没有意义的。既然如此，我们作为下属也应该以效率为重，向上司汇报工作时，口头汇报

一定要严格控制时间，没用的废话不说，书面汇报一定要控制篇幅，不要浪费上司的宝贵时间。当然，篇幅过长除了浪费上司的时间之外，也会使重点不明确，给上司的阅读带来困扰。

徐立所在的部门，每个月都要进行一次工作汇报。有的时候，上司要求他们进行口头汇报，有的时候则是书面汇报。有一次，上司因为时间比较充裕，因而要求下属轮流进行口头汇报。徐立听到这个消息非常激动，因为他很少有机会和上司单独接触，这正是个千载难逢的好机会。为此，他准备了整整半天，想好了自己要说的话。

经过漫长的等待后，那些资历比徐立老的职员都汇报完了，终于轮到徐立了。徐立整整衣冠，走进经理办公室，开始汇报工作。徐立面带微笑地对经理说："时间过得真快啊，转眼之间，我来到公司已经好几个月了。记得上一次大家向经理当面汇报工作时，我只是一个处于试用期的新人。现在，很荣幸地，我已经正式成为公司的一员。"说完，徐立还停顿了一下，经理没吱声，徐立继续说道："这份工作是我大学毕业后的第二份工作，第一份工作并不顺利，但是却为我积累了一定的工作经验。现在，我觉得自己对于工作有了更加深刻的感悟，也知道了工作的实质。工作对于我而言，并不是简单的谋生，而是理想的寄托……这个月，我比上个月有了更大的进步，可以独立处理很多文件，也积累了更加丰富的经验……"总理突然打断徐立的话，说："你足足说了十几分钟，但是我没有听到任何一句有意义的内容。你不需要跟我说这么多的客气话和套话，我想知道的只是你现在的工作状况，以及你在工作上的成就。如果没有，你可以不说，但是不要扯来扯去，言之无物。我不需要抒情散文，那些名家大家的散文比你说得更好。我想，你应该去找其他同事请教一下怎么进行工作汇报。"经理的话让徐立无地自容，他惭愧地点点头，说："那我先出去了，经理，我会改正的。"

徐立的工作汇报，显而易见是没有含金量的。正如经理所说，如果他想看散文，可以买些名家大家的散文看，而无须听徐立在这里无病呻吟。现代职场的工作节奏越来越快，每个人都争分夺秒地想要做出成绩，如果大家都像徐立一样汇报，则经理得不到任何有意义的信息。朋友们，你们可曾也像

徐立一样无病呻吟地汇报工作呢？不管采取何种形式，我们一定要保证自己言之有物，这样才能提高工作效率，珍惜自己的时间，也珍惜他人的时间。

任何事情，拖沓冗杂都是不可取的。唯有言简意赅，才能重点突出，条分缕析，让听的人或者看的人，一听就懂，一看就明白。否则，弯弯绕绕只会让大家都很糊涂，也极大地降低了工作效率。

如何向上司汇报坏消息，你要好好想一想

生活中并不总是好消息，职场上也是如此。人在职场，我们有的时候工作起来非常顺利，但是有的时候却百般不顺，就像倒霉蛋一样。那么，当你万事顺利时，汇报工作当然是轻而易举的事情，毕竟和上司一起皆大欢喜是很好的体验。然而，如果你百般不顺的时候，工作也频频遭遇挫折呢，面对接踵而至的坏消息，你该如何向上司汇报？对于这样糟糕的状况，有人采取"拖字诀"。他们一味地自欺欺人，欺骗自己，也隐瞒上司，试图让时间消磨上司的记忆，最好上司不要再问起那件失败的工作才好呢！实际上，这种想法和做法未免太天真。职场上的每一项工作都有其不可取代性。上司在安排工作时，一定不会把无关紧要的工作安排给你。因此，面对坏消息或者工作的失败，你最好不要拖延。与其等着在漫长的时间里，上司从其他人的闲言碎语中得知结果，不如你主动向上司汇报，这样最起码主动权还掌握在你的手里。很多人都知道三人成虎的典故，你并不能保证向上司传话的人都是说你好话的人。当上司从至少三个以上的人口中听到对你不利的消息，他对你的印象一定会有所改变。与其这样放弃对事态发展的控制，不如像孔子说的那样，知耻近乎勇。当你主动向上司汇报坏消息，并且勇敢地承担责任，积极地与上司一起商量对策时，你们一定能够把损失降到最小，这样一来上司对你的印象反而会变得更好。毕竟，没有下属能保证不犯错误，最重要的是犯错之后勇于承担责任，并且能够积极弥补。这样的人才，上司是肯定愿意栽培和重用的。

　　而且，拖延坏消息还有一个坏处。即使没有人在上司面前说你的坏话，那么很多事情都是在刚刚发生的时候情况最好，也容易补救。就像人生病一样，病在肌肤的时候，是很容易医治的，一旦等到病入膏肓，只怕是神医也回天乏力了。做事情也是如此，只有在可控的时候才能积极补救，一旦事态不可控制，就会造成巨大的损失。从上司的角度来说，他们一则为公司的损失心痛，二则也不会喜欢一个遮掩错误的下属。一旦有了坏消息，一定要第一时间向上司汇报。不过，在汇报之前，最好先和上司预约一下，让上司对于你汇报的内容有一定的心理准备，也能安排出时间来与你一起讨论，商量对策。需要注意的是，和上司的约会千万不能迟到，也不能过早到达。毕竟上司也有自己的工作，也需要提前准备和安排时间。

　　确定好面对坏消息的态度之后，我们不妨再来想一想如何说出坏消息，能最大限度减少上司的愤怒和惊奇。很多事情的发展出人意料，即使是上司也会觉得震惊不已，在这种情况下，我们应该注意自己的措施，讲清楚事情的来龙去脉。很多情况下，任何微小的细节都对事情的最终结果产生深远的影响，所以，越是情况糟糕，越是不能有疏漏。这样详尽的汇报，也有助于上司帮助我们出谋划策，指导我们的下一步工作。需要注意的是，如果情况紧急，急需处理，则千万不要绕弯子，最好先把现状告诉上司，等到事态得到及时处理和控制之后，再向上司进行详细汇报。只有分清楚轻重和主次，才能在第一时间控制事态，挽回损失。

　　心梦大学毕业后，面试了很多单位，才终于如愿以偿地进入现在这家公司。心梦非常珍惜这次工作的机会，尤其是她现在还处于试用期，因而更加小心翼翼。然而，心梦毕竟缺乏工作经验，才入职15天，工作上就出现了失误。心梦很害怕，不敢向上司汇报，一个人每天惴惴不安的。直到一个星期之后，上司得知心梦的工作出现重大失误，不由得非常生气。心梦赶紧向上司道歉，但是心梦的失误给客户造成了巨大的损失，上司也很为难这个损失该如何承担。心梦很懊悔，不停地向上司保证以后绝对不会再犯错，上司为难地说："你说你啊，你犯了错误为什么不及时告诉我呢？原本，这个错误如果及时弥补，是不会给客户造成如此严重的损失的。现在，事态发展到这

个程度，我真的没法保住你。客户强烈要求追究责任，只能牺牲你啦。"事到如今，心梦才意识到问题的严重性，懊悔不已。

心梦的错误，在很多职场人的身上都曾发生过。对于心梦而言，她是为了保住工作才选择隐瞒错误，但恰恰是隐瞒错误的行为，让心梦失去了工作。很多情况下，我们都必须勇敢承担起自己的责任，这样才能做人坦荡从容。否则，一味地逃避和躲避责任，只会让上司对我们有所看法，也会导致原本可以弥补的事情变得无法弥补，后果反而更加严重。

遇到坏消息，一定要第一时间向上司寻求援助。即使上司因为坏消息批评了你，也依然会不遗余力地想办法与你共渡难关。只有反映及时，才能让事情的发展不超出我们的控制。

功过都是工作的常态，一定要摆正心态

人在职场，不管是做出优秀的成绩，还是因为各种原因导致工作失误，让公司蒙受损失，都是正常现象。作为用人单位，公司也一定愿意为了培养人才付出一定的代价。毕竟，没有人生下来就是职场强人。如今，我们在职场上看到的精英人物，都是经历漫长的磨砺之后才成为如今的样子的。他们精明干练，不管遇到什么情况都能冷静处理并非一日之功。因此，作为职场新人，或者是基层员工，我们也一定要摆正心态，千万不要有了功劳就为自己争取，有了过失就推到他人身上。否则，明察秋毫的上司一定会对揽功推过的下属产生不好的印象，到时候就得不偿失了。

就像成功与失败一样，人们常说失败是成功之母，在职场是也是如此。从未有人从进入职场的第一天起，就能够叱咤风云，无畏风雨。在刚刚进入职场的时候，我们就像是牙牙学语的孩子，很多话都不会说，更不可能随心所欲地表达自己的思想。只有不断地学习，增加经验，我们才渐渐地成长和独立。为此，当下属因为能力或者经验不足而导致失败时，明智的上司一定不会责备下属，而是会尽量提点下属，帮助其快速进步。既然如此，我们还

有何必要揽功推过呢？就像世界上没有绝对完美的人一样，世界上也没有绝对全能的人。每个人都需要在工作的过程中不断提升自己，上司也是如此。

在面对上司的询问时，李欣总是不由自主地为自己辩解。的确，作为新人的他每次汇报工作都像参加考试，因为能力有限，经验不足，即使做那些简单的工作，他也总是会出错。就像这次为上司整理报表吧，李欣和一起进入公司的张娜共同完成。张娜和李欣约定，他们每人完成一半的报表，然后相互交换，检查对方是否出错。之所以这么安排，是因为他们考虑到人因为惯性思维，对于自己刚刚做出来的东西，很难敏感地发现错误。不得不说，他们的主意不错。

在各自完成一半的报表之后，李欣和张娜互相交换文件，开始检查。确认没有错误后，他们把表格合二为一，交给上司。然而，上司一眼就看出李欣负责做的表格有一个数据是错的，并非是算错了，而是原始数据不合理。为此，上司把李欣叫到办公室，问他："作为审计专业的毕业生，你难道看不出这个原始数据是错的吗？"李欣低头不语，良久才说："我和张娜相互交叉着检查错误的。我帮她检查表格，确定她做的没有错。她帮我检查表格，确定我做的没有错。我也不知道，她为什么没有检查出来。"上司说："检查，检查的确看不出错误，因为这是原始数据出错了。你的计算并没有问题。但是，要想成为一名合格的审计人员，你必须能够看出原始数据的错误。张娜做得比你好，难道你在替她检查的时候，没发现她有一个原始数据是自己经过调档之后，重新改正过的吗？"李欣惭愧地低下了头。上司继续说："工作上出现错误是正常的，但是我希望你能勇敢地从自身出发寻找问题，而不要推脱责任。假如你在看到张娜改动原始数据的时候，能多想一想她为什么改动了原始数据，你也许就会想到你的表格里，可能某个原始数据也不准确。一定要摆正心态，才能更快速地进步。好了，你就此事写一份检讨给我。"离开上司的办公室，李欣想了很多，深刻意识到自己不应该把责任推到张娜身上。因此，他的检讨书写得非常深刻。上司看了自后，欣慰地说："这样才对。以后，都要保持这样的心态。"

在遭到批评的时候，人们出于本能，总是情不自禁地推脱责任。当然，

有了功劳的时候，谁都愿意把功劳记在自己的头上。需要注意的是，职场上不管是做出好成绩，还是出现失误，都是正常情况。千万不要因为一时紧张，就揽功推过。否则，上司一定会对你有看法。

朋友们，你准备好承担自己的责任了吗？功劳是你的，责任也是你的，只有勇于承担，你才能得到上司的认可和赏识。

汇报工作要客观公正，切勿过于主观

在向上司汇报工作时，不论工作的成果如何，都必须做到客观公正。很多人特别容易情绪激动，在职场上也是如此，有任何一点点不满意，就会对他人心生芥蒂。这样的做法，是很不妥的。还有些人非常主观，当自己的工作做出成绩或者出现失误时，他们往往不能客观评价。殊不知，带有强烈主观情绪的汇报，很难让上司信服。

所谓客观公正，就是抛开个人的偏见和喜爱，尽量站在公正的角度上进行分析和评判。为何要抛开个人情绪呢？这是因为人的本性是自私的，而且每个人都有自己的喜好。只有当一切都迎合自己的喜好时，我们才认为完全是好的。但是，现实是残酷的，不可能所有的事情都顺着我们的心意发展，也不可能所有的人都符合我们的要求。正因为如此，每一个人要想在社会上与人融洽相处，就必须尽量抛开个性，融入集体。那么，在职场上也是如此。我们的同事有着各种各样的性格，导致我们在与其合作的过程中会产生各种各样的摩擦和矛盾。大凡在职场上做得风生水起的人，除了有着超强的能力之外，还有着圆融的能力。当然，从上司的角度来说，如果我们汇报工作时一切都以自我为出发点，而不是以公司的利益和同事间的团结为根本，则上司非但不会认可我们的观点，反而还会觉得我们太自私。如此一来，岂不是赔了夫人又折兵么。聪明的职场人，不会因为个人的喜好就导致汇报工作出现偏颇。

近来，莉莉刚刚升任公司的人事主管。人逢喜事精神爽的她，看到每个同事都态度和善，和以往的不好相处截然相反。大家看到莉莉的改变，都觉得非常惊讶。莉莉呢，还像以前一样说自己是最好相处的人。

新官上任三把火，莉莉对公司进行了人事调整。当然，升迁的人很高兴，降职的人则很沮丧。不过，总经理看到莉莉的调整还算合理，也就未干涉。到了年终，公司准备评选出一批优秀员工进行奖励。总经理把这份工作安排给莉莉负责，因为她对每位员工的表现是最了解的。不承想，莉莉报上来的名单里，该有的人基本都有，偏偏没有销售冠军——思思。总经理在最后确定名单时，问莉莉："思思是公司今年的销售冠军，为什么没有她呢？我记得，以往每年的优秀员工，必然是有销售冠军的。"只见莉莉撇着嘴，不以为然地说："她？她虽然业绩挺好的，但是人品很差，我觉得她不配当优秀员工。"总经理不解地问："人品很差？此话从何说起呢？"莉莉继续鄙夷地说："她呀，仗着自己业绩做得好，从来不把其他同事放在眼里。有一次，我因为统计数据需要她配合一下，她居然说急着见客户就走了。"总经理看到莉莉的表情，知道莉莉必然与思思之间有些不愉快，又听见莉莉这么说，因而严肃地告诫莉莉："作为一名销售人员，我觉得思思做得已经很好了。可能你没有做过销售，所以不知道与客户约好的见面时间，是绝对不能迟到的。我想，你也许对思思有些误解。思思自从进入公司以来销售一直很出色，我对她还是有一定了解的。倒是你，刚刚升任人事主管，这个工作很特殊，是评价公司职员的。因此，你务必不要戴着有色眼镜去看人，更不要随意评价他人。这样，你才能做到公平公正、客观和尊重事实。"

总经理是很敏锐的，在看到莉莉对思思的意见那么大之后，他敏感地意识到莉莉对思思有偏见。作为一名人事主管，这样的偏见是要不得的，否则一定会影响公司的人事安排。在经过总经理的劝诚之后，希望莉莉能够及时反思自己，不要再执迷不悟吧。否则，下次总经理一定不会这么委婉表达了。

在职场上，以成败论英雄，很多时候都看工作表现来评价一个人。也有些时候，上司并不在乎一个人私生活中的表现，而只是关注他在公司的工作表现和是否尊重公司的规章制度、作业规则。如果一个人的表现在工作上无

可挑剔，那么他对于上司就是可用之才。所以，在向上司汇报工作时，不管是对自己的工作表现，还是牵涉到其他同事的时候，一定要客观公正，不要带有个人色彩。

第 13 章

想领导所想，汇报中为领导排忧解难

作为职场人士，要想得到领导的赏识，必须主动为领导着想。很多职场人士之所以得不到晋升的机会，就是因为习惯于被动工作，不能主动发挥积极性和创造性。其实，在我们抱怨怀才不遇的同时，领导也非常苦恼找不到可用的人才。既然如此，为何不全身心投入现在的工作，将其作为自己的一份事业呢？而且，当我们主动为领导着想，积极地为领导分忧解难时，领导也会更加赏识和器重我们，可谓一举两得。

抓住领导的关注点，先为领导排忧解难

作为领导，要想面面俱到显然是很困难的，因而领导只能根据自己的关注重点，有选择地分配有限的精力。那么，下属在汇报工作的时候，如果能提前想到领导所想的，就可以未雨绸缪，告诉领导他想知道的信息，甚至预先解决领导的忧虑。如此一来，领导怎么会不赏识和认可我们呢？

作为下属，一定要与领导一条心，想领导之所想，急领导之所急，这样才能把话说到领导的心坎里去，成为领导的左膀右臂和心腹。很多职场人士都希望与领导套近乎，甚至不惜花钱给领导送礼，请领导吃饭，以便让领导对他特殊照顾。殊不知，现代职场更在乎工作的成绩和效率，与其花费时间和精力给领导拍马溜须，不如抓住领导 的关注点，为领导排忧解难。如果你能在领导提出具体问题之前，就贴心地把领导不放心的问题解决好，那么领导一定会对你刮目相看。

对于校长而言，最担心的就是小升初的考试中，孩子们因为紧张发挥失常，尤其是那几个调皮捣蛋的孩子，校长特别担心他们会在考场上做出违反规定的事情来。这样，学校和校长都会丢脸。

在这次考前动员大会上，计划让校长进行致辞。当然，在这种鼓舞士气的时刻，一开始就提考场纪律问题是不合时宜的。因此，副校长在向校长汇报考前动员大会的流程时，对校长说："我计划让您在会议开始时致辞，给孩子们鼓鼓劲，加加油。不过呢，您刚开始时不适合说考场纪律问题，我都想好了，在会议结束之前，由我给师生们讲一讲注意事项。您放心，到时候我会重点强调考场纪律，也会在会后再与那几个调皮孩子的班主任进行沟通，让他们务必安排好孩子们，不要在考场上捅娄子。"听到副校长的安排，校长不由得喜笑颜开。他说："老张啊，你总是这样，什么都想在我前面。你就像是我的知音，不管我担心什么事情，你都能马上给我解决。要是没有你，我真是得手忙脚乱呢。"副校长笑了笑，说："我的工作不就是配合你么，要是什么都等着你说出来再去做，那也对不起咱们这十几年的工作班子啊！细细想来，咱们已经成为搭档十几年了，学校也有了翻天覆地的变化，真是让人不胜感慨啊！希望我们能把学校办得越来越好，这样才能对得起这些可爱的孩子们啊！"在两位校长的密切配合下，这次考前动员大会圆满举办，而且孩子们也都非常乖巧，在考场上全都表现非常好。

作为副校长，老张非常了解校长的心思。考试成绩还是次要的，但在小升初的关键时刻，如果哪个学校出现了作弊的学生，一定会让全校都为此蒙羞。所以，老张在计划动员大会的时候，已经提前想到了校长担心的问题，并且进行了妥善的安排。对于这样的副校长，校长当然非常赏识。

在职场上，不管我们从事什么工作，也不管我们的顶头上司是否好相处，我们都要把握好一个原则：为上司着想，尽量解决上司的后顾之忧。这样一来，上司一定能够感受到我们的心意，也能更加亲近我们。在这种情况下，如果你的工作能力足够强，还愁得不到上司的赏识，没有晋升的机会吗？不管什么时候，我们都首先要做好自己该做的，然后才能水到渠成地获得各种机遇和成功的机会。

把复杂的问题简单化，让领导对你刮目相看

很多时候，有些情况看似复杂，其实透过现象看本质，剪掉繁杂的粗野生长的枝叶，你就会发现事情原来是很简单的。有些人特别喜欢把简单的问题复杂化，总是想得太多，最终牵绊了自己，也牵绊了他人。其实，这样的思维习惯特别不好。现代社会，每个人的生存压力原本就很大，尤其是在职场上，竞争更是异常激烈。在这种情况下，如果我们不管做什么事情都能透

过现象看本质，把复杂的问题最简单化，那么我们一定会拥有与众不同的思路，也会有喜出望外的收获。

尤其是在向领导汇报工作的时候，假如我们把原本简单的工作无限夸张，让领导觉得工作非常复杂，这样虽然或许能够凸显你的工作能力，但是日久天长，领导必然知道其中的真相，甚至还会因此觉得你的工作能力有问题。相反，如果我们能够把复杂的问题简单化，尤其是在说领导都心知肚明难度很大的工作项目时，倘若轻描淡写地说，那么一则领导会更加赏识和认可你的人品，同时也会意识到你的工作能力很强。由此一来，你自然能让领导对你刮目相看。

今天是周一，公司照常举行例会，安排一周的工作。在会议上，老板公布了一个非常具有挑战性的工作项目，这是老板在大家周末休息的时候拿下来的单子。不过，这个项目的确让人望而生畏，不但工期短，而且难度很大，一旦搞砸，就有可能偷鸡不成反蚀把米，反倒成为公司的罪人。在老板公布项目之后，很多同事都低着头，不愿意被老板关注。老板有些尴尬，左看看右看看，就是没有人主动请缨。在经过一番思考之后，老板遗憾地说："看来没有人敢接受这个挑战了？我是盲目乐观了，原本以为至少会有几个业务尖兵主动请缨呢。"这时，李霞突然站起来，对老板说："老板，这个项目交给我吧！"李霞进入公司刚刚一年多，只经手过几个简单的项目，老板迟疑地望着她，问："你，能行吗？这可是块硬骨头啊。"李霞笑着说："老板，虽然我还没做过这样的大项目，但是您要相信我。我觉得，我也并不笨，也有了一定的经验。只要多多努力，我是可以的。"既然没有其他人愿意承接这个项目，老板只得勉为其难地把项目交给了李霞。

例会结束后，老板让李霞留下来，说是有项目的具体要求要告诉李霞。看到同事们陆续都离开了，老板又问李霞："如果你觉得压力大，我可以派给其他人。"李霞笑了，说："老板，您就放心吧。您看，我刚才已经在工作日志上简单估算了时间。虽然这个项目比其他项目时间短，但是很多其他的项目时间都是有富裕的。因此，我只要按照正常进度开展，并且每天都保质保量，保证不返工，时间还是有保障的。此外，虽然我有些不懂的地方，这不是还有您嘛！您可是我们这个行业的老前辈了，我想，您也不会看着我束手无策时无动于衷的吧！"听到李霞这么一分析，老板的心瞬间轻松起来。他笑着说："看不出来，你这个小丫头还挺有魄力的。既然你思路这么清晰，我就保证给你做好后方支援工作，你就放心大胆地去干吧！"说着，老板把项目的详细资料交给李霞，并且特批李霞可以随时向他请教，有问题也可以随时给他打电话请示。三个月之后，李霞果然如期完成了项目，一鸣惊人。对于李霞而言，她最大的收获不是金钱，而是在项目实施期间和老板学到的千金难买的经验，以及老板对她的信任和赏识。

在老职员眼中的大且难的项目，在李霞眼中，只需要保证质量，保证工期，就没有什么难的。质量和工期，恰恰是项目能够合格的关键要素。其实，那些老职员之所以觉得难度大，就是因为想到了很多意外的情况。但是李霞却把这些意外情况的风险分散到每一天对工程质量和进度的把控中，如此一来，难度也就没有那么大了。

职场如战场，很多机会都是千载难逢、转瞬即逝的。作为职场人士，我们必须积极地抓住那些表现自我的机会，才能尽情地展现自己的能力，获得上司的赏识和认可。把复杂的问题简单化，你也从今天开始练起吧！

急领导之所急，让领导高枕无忧

虽然身为高高在上的领导，也并非是无所不能的。现实情况是，随着职位的升高，领导肩负的担子比普通员工更重，承担的压力也更大。正如苏轼所说，高处不胜寒。那么，为了体谅领导，我们应该怎么做呢？尤其是当领导一个人如履薄冰时，最大的愿望就是希望下属能够为他分担一些，至少不要给他增添忧愁。这就像是一个老师带着一整个班级的学生，为什么老师一定要选出班长、学习委员、纪律委员、劳动委员等学生干部呢，就是为了替他分担。那么，你想成为领导眼中那个能为他分担的人吗？要知道，如果你能替领导分担，那么在遇到好的机会或者机遇时，领导一定会优先想到你，

如此一来，职业生涯怎能不更加平顺呢？古人云，人无远虑，必有近忧。所以，你如果想得到领导的赏识和栽培，就应该从日常生活入手，急领导之所急，让领导高枕无忧。

俗话说，一个好汉三个帮，一个篱笆三个桩。不管领导的能力多么强，终究寡不敌众，必须得到下属们的鼎力相助，才有可能更加出色。作为下属，我们千万不要小瞧自己，更不要觉得自己在领导面前是不值一提的。恰恰相反，领导一定会非常器重鼎力协助他的下属，也会对其更加赏识。

在广袤的森林里，一头野牛独霸一方，动物们都不敢靠近。但是，猴子却深得野牛喜爱，总是在野牛面前搔首弄姿，野牛呢，从不伤害猴子。这是为什么呢？原来，猴子非常聪明，他知道野牛最害怕什么。

野牛虽然勇猛强悍，但是对于那些苍蝇蚊子和牛虻之类的小昆虫，却无计可施。每当被这些小昆虫叮扰时，野牛总是变得无比烦躁。为此，猴子很有眼力见，它总是拿着一些蒲草的叶子，为野牛驱赶蚊虫。就这样，野牛居然离不开猴子了。虽然有些动物很讨厌猴子，但是猴子却在野牛的庇护下生活得无比惬意。它们成为森林里最和谐的好邻居，谁也离不开谁。

虽然这是一个寓言故事，但是却为我们揭示了一个深刻的道理。野牛虽然让其他动物心生畏惧，但是它却对猴子很好，这是因为猴子主动地为它驱赶蚊虫和牛虻，让它能够安安稳稳地睡觉。我们不妨把野牛想象成领导。在一个部门里，领导总是高高在上的，很多职员都害怕领导。然而，领导也有自己的烦心事，也会觉得非常苦恼。如果我们也像猴子一样那么聪慧，看透了领导的牵挂之事，从而不待领导求援，就主动解决领导的后顾之忧，那么领导一定会对我们刮目相看。仅此一件事，你就可以拉近自己与领导的关系，让领导器重和赏识你。

当你一次次地让领导高枕无忧，领导必然更加放心地把艰巨的工作交给你处理。如此良性循环下去，领导越来越信任你，你呢，也理所当然地成为领导的左膀右臂，陪伴在领导左右。总而言之，只有急领导之所急，我们才能切实帮助领导。相反，如果在领导不需要的情况下无事献殷勤，领导反而会觉得你居心叵测，甚至对你的用意产生怀疑。由此可见，洞察领导的心思，把握时机，是最重要的。只有把好钢用到刀刃上，才能最大限度地体现其价值和不可替代性。

委婉地提出意见，才不会让领导觉得尴尬

很多话直接说出来，也许能够感受到畅快淋漓，但是未必能够达到预期的效果。尤其是在职场上，如果只图一时痛快，就口不择言，那么后果是非常严重的，甚至会让你懊悔不已。作为语言的艺术，委婉地表达也是一种非常好的交流方式。尤其是当我们面对长辈或者领导时，直接了当、开门见山，只会让人觉得你缺乏教养，不够稳重。当然，在犯了错误之后，也许你会得到谅解，也许会就此得罪领导，导致被冰封雪藏。后一种结果显然不是谁都能承受的，因而我们所能做的就是尽量避免后一种情况的发生。

委婉地说话，虽然不能畅快，但是却能起到更好的表达效果。前文我们曾经说过，和外国人相比，中国人更爱面子。几千年来，人们都在讲究面子，没有人愿意颜面尽失。因此，在对待领导时，哪怕我们是有理的一方也应该委婉地提出意见，给领导留足面子。尤其是在有他人在场的情况下，领导的面子更是碰也碰不得。

东东大学毕业后回到家乡的小县城，当了一名小学老师。那个年代，计算机刚刚普及，很多学校都在争先恐后地置办机房，以对小学生开展最基础的计算机教育。东东所在的学校，校长也争取到了添置机房的名额。然而，全校老师除了东东之外，或者是年纪很大的老师，或者是乡村代课教师，根本不懂得计算机。为此，校长把机房交给东东管理，计算机课程也由东东来教。

当时，住在学校宿舍里的东东每天也很烦闷，看到有计算机了，不由得非常兴奋，也特别爱惜。机房建好之后，东东不止一次地向校长提出建议：应该在机房安装一台空调，否则主机过热会影响使用寿命。然而，中心院校给的经费只够置办机房的，根本没有多余的钱添置空调。校长呢，又不愿意

拿出学校里的经费安装空调。因此，校长始终没有同意安装空调的事情。东东无奈，只好不再提起。

一次，学校组织去中心校参观。在参观到中心校的机房时，东东感受到迎面而来的凉风。为此，他故意向带领他们参观的老师说："老师，你们学校的机房真凉快啊！"老师笑着说："不凉快怎么行呢！前段时间机房没装空调，结果因为天气太热散热不佳，大部分机器都罢工了，还花了很多钱修理呢！这不，最近刚刚装的空调，天气一热，人不降温，也得先给机器降温啊！"这时，东东小声对校长说："校长，咱们可不能和他们一样因小失大啊！这是前车之鉴。"校长点点头，说："回去就装空调。"

在这个事例中，如果东东一味地要求校长装空调，校长肯定会在再三拒绝之后感到厌烦。幸好，东东非常机灵，借着去中心校参观的机会，给校长现身说法。如此，他在顾全校长颜面的情况下委婉地提出安装空调的请求，校长就再也无法拒绝了。这样一来，校长肯定能意识到东东说的是对的，一定会对东东刮目相看。

人在职场，尤其是面对自己的上司时，很多话并不能直截了当地说出来。在这种情况下，不如寻找机会，委婉地表达，既照顾到领导的颜面，又达到了目的，反而效果更好。事是死的，人是活的，不管什么时候，我们都要把脑筋放得活络一些，这样才能灵活处事，皆大欢喜。

对于难以解决的问题，不如避重就轻

所谓避重就轻，顾名思义，就是避开重要的责任，承担相对较轻的责任。这样一来，就逃脱了较重责任的惩罚，而从容脱身。当然，我们这里所说的避重就轻，并非是要让大家像懦夫一样逃避责任，而是一种保全自己的方式。不管是在生活中，还是在工作中，避重就轻的现象都时有发生。最会避重就轻的当属那些明星大腕们，因为是公众人物，他们的一言一行都受到公众的瞩目。因此，当被记者追问到难以面对的问题时，诸如"你和某某是何时分手的？"他们往往会避重就轻地回答："我们从未在一起，谈何分手呢？"这个回答极其巧妙，不但躲过了记者的追问，而且从源头否定了谣言。如此一来，记者自然无法继续发问。还有些明星回答得更加玄奥："时间会证明一切。"对于这些大红大紫的明星而言，他们的恋情是需要保密的。因为面对那些粉丝，他们生怕公开恋情会伤害他们，也由此一来，很多明星都忌讳记者对于他们私人感情生活的提问。这些经典的避重就轻的回答，被无数明星使用过，屡试不爽。

面对上司时，我们如何避重就轻呢？的确，每个人的工作都会有所疏忽，这一点是难以避免的。在被上司追究责任时，我们直接推脱显然是不合适的，这样会给上司留下怯懦、软弱和畏缩的不良印象。最好的办法就是避重就轻，既主动承担了较轻的责任，又避开了较重的责任，从而圆滑面对接踵而至的麻烦。

大学毕业后，森蝶开了一家超市。她的超市不同于以往的经营模式，因为开在社区里，所以还为老人们提供送货上门的服务。这一天，一个老奶奶在森蝶的超市买了一些米和面，结账之后，森蝶安排人给老奶奶送货上门。正准备出发时，老奶奶突然说森蝶少找了她十元钱。森蝶记得很清楚，自己绝对没有少找老奶奶的钱。但是老奶奶一直嘀嘀咕咕，满脸的不高兴。她还在超市里自己经过的地方来来回回地找了好多遍，都没有找到。为此，森蝶对老奶奶说："老奶奶，这样吧，我这边是有监控的，尤其是收银台这里，从各个角度都有监控。要不我就调出监控，你看看我到底少没少找你的钱。"听到森蝶这么说，老奶奶马上摇摇手，说："算了吧，算了吧，不就十块钱么，就当付了你们的送货费了。"

看到老奶奶满脸不悦地往外走，森蝶叫住老奶奶，说："这样吧，老奶奶。虽然不能确定你的钱是在哪里丢的，也不能确定是我少找您了。但是既然你是在我们超市发现钱少了的，我还是愿意负责。您在我们超市挑选一件商品吧，只要价格不超过十块钱就行，就当是我送给你的小礼物。"听到森蝶的解决方案，老奶奶马上喜笑颜开。她挑选了一瓶海鲜酱油，乐呵呵地拿着回家了。

在超市中发现钱丢了，老奶奶自然非常沮丧。但是，森蝶很确定自己并没有少找钱。不过，她之所以没有同意给老奶奶补偿钱，是因为很多年纪大的人脑筋都有些不清醒，如果一旦打开这个缺口，以后超市就没法开了。为此，她在提出调取监控录像又被老奶奶拒绝之后，想到了一个避重就轻的好办法，即让老奶奶挑选一件十元的商品，作为小礼物。如此一来，既让老奶奶找到了心理平衡，又不损害超市的声誉，而且在此之后，老奶奶一定会成为超市的忠实客户。如此一举数得的好办法，一定效果很好。

虽然我们面对的是上司，而不是老奶奶，但是依然要学会避重就轻，保全自己，同时也照顾他人的心情。人与人之间的交往是非常复杂的，因为人心莫测，而且人的感情也非常细腻。只有同时处理好几个方面的事情，才能让我们达到完美的心愿得以实现。尤其是在面对上司时，我们既要勇敢地承担责任，也要保全自己，更要顾及上司的颜面，就更要绞尽脑汁地想出万全之策了。

参考文献

[1]蒋巍巍.向上管理:如何正确汇报工作.北京：人民邮电出版社，2015.

[2]李宗厚.不会汇报工作，还敢拼职场.北京：新世界出版社，2014

[3]李宗厚.不会管理上司，你还怎么拼职场.南京：江苏人民出版社，2015.

[4]刘回.不懂汇报工作，还敢拼职场.北京：中华工商联合出版社，2014.